读懂客户，搞定订单

读懂顾客心理，把产品卖给任何人

郑竞一◎著

SPM 南方出版传媒 广东经济出版社
·广 州·

图书在版编目（CIP）数据

读懂客户，搞定订单/郑竞一著．—广州：广东经济出版社，2016.2

ISBN 978-7-5454-4372-1

Ⅰ.①读… Ⅱ.①郑… Ⅲ.①销售-商业心理学 Ⅳ.①F713.55

中国版本图书馆CIP数据核字（2015）第309863号

出 版 人：姚丹林
责任编辑：甘雪峰
责任技编：许伟斌

出版发行	广东经济出版社（广州市环市东路水荫路11号11~12楼）
经销	全国新华书店
印刷	东莞市翔盈印务有限公司（东莞市东城区莞龙路柏洲边路段）
开本	730毫米×1020毫米 1/16
印张	13.75 1插页
字数	170 000字
版次	2016年2月第1版
印次	2016年2月第1次
印数	1~5 000册
书号	ISBN 978-7-5454-4372-1
定价	32.00元

如发现印装质量问题，影响阅读，请与承印厂联系调换。
发行部地址：广州市环市东路水荫路11号11楼
电话：（020）38306055 37601950 邮政编码：510075
邮购地址：广州市环市东路水荫路11号11楼
电话：（020）37601950 营销网址：**http://www.gebook.com**
广东经济出版社新浪官方微博：**http://e.weibo.com/gebook**
广东经济出版社常年法律顾问：何剑桥律师

前言

销售是一个伟大的职业，有统计显示，世界上超过90%的富豪都是由销售起步的。其实，销售不但是职业，同时也是事业；是一门学问，也是一门艺术。只有认真钻研它的人，才能真正掌握其中的奥妙。

做销售，难免要遭人冷眼，吃闭门羹。刚开始做销售的人，一定会觉得这是一份又苦又累，要看人脸色，还没有尊严的工作。但是，就像所有的初学者一样，刚做销售的人并不能真正理解销售工作，所做出的评价也不正确。

如果你做不好销售，不是因为你遇到的人不对，而是因为你自己的技术不过关。那么，怎样才能做好销售，拿下订单呢？答案就是：读懂客户！做销售就是和人打交道，所以只有读懂了客户，你才能知道怎样做，你才能搞定订单。

销售失败的原因有成千上万种，但这些原因都可以归结为你不懂客户。

从客户的外貌上，你能看出他的性格是什么吗？你要利用客户喜欢的东西来激发他们的兴趣，但是，客户喜欢什么？从客户的行为细节上你读到了哪些信息？而你又应该注意什么细节才能让客户满意？客户脸上的表情说明了他正处在怎样的情绪中？心理有了什么变化？客户都有哪些心理上的消费壁垒？要通过客户的心理软肋刺激他们购买，可是，客户的心理软肋是什么？客户挑三拣四，嫌弃你的货物，是真的不想买吗？客户有什么表现的时候，就说明是时候一锤定音，拿下订单了？

如果客户的这些心理你都不懂，你还谈什么搞定订单？

做销售，不是整天背那些产品数据，也不是火急火燎地跑业务，这些都不是最重要的，最重要的是读懂你的客户。如果你愿意多学点心理方面的知识，多把精力投入到销售过程中的细节里，多了解你的客户，那么恭喜你，你做对了。这绝不是在浪费时间，任何一个有头脑的人，一个想把销售工作做好的人，都会明白这一点。

“工欲善其事，必先利其器。”而销售人员最重要的利器，就是对客户的了解。对客户了解得多，读懂了客户，你就能对症下药，结果就是药到病除，迅速搞定订单。如果你不屑于把时间花费在揣摩客户心理，关注细节上，那就只能是每一服药都不对症，你只有干着急。

很高兴地告诉你，本书正是讲述了做好销售工作最重要的知识——如何读懂客户，搞定订单。书中用简明的事例，透彻的讲解，将上面所提到的，你无法读懂的问题全都解决掉。相信读过本书之后，你就可以通过客户外在行为和语言细节上表现出来的内容，直抵他们心灵，读懂他们内心的想法，然后用最有效的方式，搞定你的订单。

目录

第一章

破译顾客下单玄机，步步为营才能搞定订单

销售的过程需要销售人员与顾客进行互动，因此，销售过程与双方的关系，绝非一成不变的。顾客的消费心理会在与销售人员交流的过程中发生改变，只有销售人员能针对他们的需求，破译出他们的下单玄机，并使用恰当的方法来激发他们的购买欲，才能搞定订单，实现成交。

注视：没有关注就没有成交

郑钧是一个食品公司的销售员。有一次，郑钧找了一个顾客较少的时间段，来到一家小商店里。然后他就开始一个挨一个地看货架上的商品，但是找了半天，却一样也没有拿。

店老板看他找了这么久，却什么也不买，便走过去问："您好，您是要买什么东西呢？如果找不到的话，我可以帮您。"

"没事，我就是找找看，好像您这里没有某某品牌的面包。"郑钧回答说。

店老板说："这个品牌的面包很好吃吗，我怎么没听说过，我这里没有，不过你可以选择其他品牌的嘛，你看这些都很好吃的。"说着，他指了指货架上的那些面包。

郑钧说："最近某某品牌的面包在市场上的销售情况非常好，很多超市、便利店、小卖部都纷纷进货，消费者在购买面包时也是首选这种品牌的，怎么你这里没有啊？"

店老板说："是吗？看来我没有跟上市场的节奏啊，你说的这种面包真那么好吃吗？"

"当然了，它吃起来又松又软，口感上佳啊！我可以向您保证。"郑钧十分认真地说。

店老板想了想，说："看来我也要赶紧进一批才行。"

郑钧听他这么说，连忙说："其实我就是生产这个面包的食品公司的销售员，来看看有哪些店里还没有我们的产品，您想要进多少货，告诉我就可以了。"

郑钧先是用区别于一般消费者的行为及话语，引起了店老板的注意，进而和店老板攀谈起来，最终成功取得了这家商店的订单。

经典实例解读

郑钧非常聪明，他采用了与众不同的方式，成功引起了店老板的关注，接着又以推荐商品的方式，打破了双方心理上的距离。然后，通过轻松的谈话，郑钧就拿下了对方的订单，使交易达成了。正因为郑钧有效地引起了对方的关注，才能既不使对方觉得突兀，又能成功达到销售的目的。

拿单要点解析

销售人员和客户谈话的目的很简单，就是要把自己的东西卖出去，完成销售任务。要想达到这个目的，首先就得把客户的注意力吸引过来，让他们关注你的东西。无论一个销售人员口才多好，如果他不能成功吸引客户的注意力，所有的努力都将白费。要想自己的产品得到客户的关注，销售员应该从下面的几个方面去做：

1. 抓住客户感兴趣的事

销售人员要将客户的注意力吸引到商品上去，从而令客户产生购买的想法，在这个过程中，能做到自然而然是最好的。要产生自然而然的效果，就要先从客户感兴趣的事情上入手，然后再过渡到商品上。

例如，你是一个箱包销售员，顾客领着自己的孩子来买拉杆箱。通过对话，你得知顾客的孩子刚刚考上了某名牌大学，就不妨以此为话题，先夸奖一下顾客的孩子学习成绩好、有出息，让顾客和你在情感达成一致。接着，你再把话题转到拉杆箱上来，告诉顾客什么样的拉杆箱最适合他的孩子使用。这样做，交易成功的机会就大得多。

2. 从客户的对手那里寻找突破

人们都希望自己能够战胜对手，这是人之常情，所以，假如销售人员与客户谈及他的竞争对手，客户就会下意识地紧张起来。客户一紧张，注意力自然就集中了，你就成功取得了他的关注。然后，你再用自己的商品来安慰他，告诉他只要能够和你达成交易，你的商品就会在他战胜对手的过程中起到积极的作用。这样一来，成交就不难了。

3. 利用时效信息引起关注

通常情况下，人们对具有时效性的东西会很敏感，所以在听到时效信息的时候会产生紧迫的感觉，注意力也就会集中起来。比如，销售人员可以在向客户介绍产品时，说一下近期有什么活动，然后告诉客户活动的截止时间，这样就能得到客户的关注。

拿单秘诀

销售人员如果能在销售的过程中不断用话语来使自己的产品得到客户的关注，那就可以在非常投契的谈话中，令客户逐渐提升他们的购买欲，最终达到成交的目的。客户的关注对于他们是否想要购买有很大的关系，所以，怎样在最短的时间里取得客户的关注，在销售过程中是十分重要的。

兴趣：把客户目光留住，挖掘出其购买兴趣

小周开了一家面馆，主要经营的是鸡汁面。做鸡汁面最重要的就是鸡汁，所以小周每天都要准备十几只鸡，早早就开始熬制，一直熬上3个多小时。等熬好了汤汁，还要把鸡肉与鸡骨头取出，切成细小的鸡块，这才算是将汤料准备完毕。因为制作非常精细，所以尽管小周的鸡汁面卖得比较贵，但还是有很多人愿意来吃。

旁边的几家餐馆见小周的面馆生意这么好，也都纷纷效仿他，推出了鸡汁面。这样一来，原本到小周家吃鸡汁面的人，就有不少流入到别的餐馆里了。小周对附近各家餐馆都调查了一下，发现这些餐馆做鸡汁面的汤料全都是从市场上买来的便宜货，尽是些没有多少鸡肉的鸡架和一些鸡肉加工企业剩下来的东西。有的餐馆直接用猪腔骨的肉和鸡肉掺在一起，放上些鸡精，就充当鸡肉了。

这些餐馆虽然在制作鸡汁面时偷工减料，做出来的面味道也和正宗的鸡汁面有差别，但通常都加上不少辣椒，搞得口味很重，一般情况下顾客感觉不出来。制作上偷工减料，所以价格就比小周的鸡汁面便宜，有不少顾客就被低价吸引，去吃这些餐馆的鸡汁面了。

小周的面馆是新开张的，原本还能凭借自己的特色招徕顾客，

现在特色也被别人抄袭了，所以是优势尽失。小周想来想去，知道只有想办法留住客户的目光，挖出他们的购买兴趣，才能使他们来自己店里吃面。

于是，小周把熬鸡汁的锅摆到了门口，就在外面熬制鸡汁。人们路过这里的时候，纷纷投来好奇的目光，看着锅里咕嘟咕嘟冒泡，闻着鸡汁的香味，都被勾起了兴趣，要进来吃上一碗鸡汁面。

就这样，小周建立了自己面馆最具特色的优势，留住了顾客的目光，挖掘出他们的兴趣，终于成功把顾客吸引回来。

经典实例解读

小周的面馆是新开的，所以当附近的餐馆也有了鸡汁面，并且在价格上更便宜时，小周就没有任何优势了。小周通过展示自己鸡汁汤料制作过程、独特的制汤手法将客户的目光留住，把他们的购买兴趣挖掘了出来。正因为他懂得把客户的目光留住，挖掘客户的兴趣，这才赢得了顾客，重新占领了市场。

拿单要点解析

销售人员无论做什么事情，都是以达成交易为目的的，要想让顾客愿意为你的产品买单，就得挖掘出他们购买的兴趣，而要做到这一点，销售人员就必须先想办法把顾客的目光留住。无论你卖的产品有多好，如果无法吸引住顾客的目光，引起他们的购买兴趣，也只能眼看着他们购买别人的产品。若要留住顾客的目光，挖掘出他们的购买兴趣，销售人员可以使用以下的几个方法：

1. 用视觉上的冲击引起兴趣

视觉上的冲击力在销售时非常有用，所以销售人员可以用视觉效果来赢得客户的目光，进而激发他们购买的兴趣。视觉冲击比其他形式的冲击更有力度也更直接，客户一眼就能看出你所表达的是什么意思。但如果是用其他的方式，例如通过话语来吸引客户，客户还需要听一会儿才能明白，甚至听了半天都没有搞懂。

所以，你可以像例子中的小周那样，把产品的优势直接展现在客户们的眼前，让他们看得见，感受得到。你也可以用大幅的海报来凸显产品的优点，在海报中重点展示产品最核心的优势，让人一目了然，这样既有冲击力，又能引起人们的兴趣。

2. 用问题使客户产生兴趣

人的注意力都有一定的限度，客户不可能对你的产品时刻保持兴趣，所以你就得利用一些问题来引起他们的注意。从销售人员一开始向客户介绍产品时起，客户就一直处在被动接受你所提供的信息的状态下。这样一来，客户很快就不愿意听下去了。因此，销售人员要多提问，通过关系到客户本身的问题，使他们产生兴趣。比如可以说："陈先生，刚刚我对您的电脑检查了一下，发现您的系统存在很多问题。"客户马上就会参与进来："有什么问题？"

3. 充分利用人们的从众心理

有的人对比较陌生的东西接受起来会非常谨慎，这时候销售人员就要通过介绍让客户明白，你的产品是受到很多人喜欢的，是大众化的产品。比如，销售人员可以说："孙先生，这款产品可以在您的工作中起到很好的作用，关于这一点，您完全不必怀疑，您的朋友张总和刘总也都在用它。”孙先生听了这样的话，马上对这款产品产生了兴趣。

拿单秘诀

客户对产品有没有兴趣，是他们能否决定购买产品的关键，因此，销售人员要想办法将客户的目光留住，挖出他们的购买兴趣，这样才能顺利完成交易。要想引起客户的兴趣，首先在产品的宣传上要有冲击力，比如用画面来代替语言，用贴近客户身边的工作和生活的事情来引起客户的兴趣等。

联想：激发客户的购买欲望

唐韵是化妆品推销员，这天她来到一个小区推销化妆品，敲开一家的门之后，开门的是一位先生，看起来30多岁。

唐韵说："您好，我是某某化妆品的推销员，请问您需要化妆品吗?"

客户摇了摇头说："对不起，我没有这方面的需求，我太太刚刚有事出去了。"

唐韵虽然被对方拒绝了，却没有就这么离开，她说："我明白您的意思了。虽然您的太太不在家，但您也知道，每个女人都是爱美的，这是天性。我的这些产品都是物美价廉的好产品，如果您能给您的太太买几件，等她回来的时候送给她，相信她一定会非常开心的。"

客户犹豫了一下："可是我对化妆品不太了解。"

唐韵说："这您不需要担心，我给您推荐几款现在非常流行、客户反馈也特别好的产品。您看，就是这几款，您的太太一定会满意的。"说着，她从背包里拿出几款产品来。

唐韵接着说："您如果还是不放心，我把我的名片给您，如果您的太太不喜欢，您可以马上打电话给我，我可以给您退货。您的太太收到礼物，一定会非常开心，而且用过我们的化妆品以后，您太太会更加漂亮，您绝对不会后悔的。”

客户被唐韵的话勾起了购买的欲望，于是买下了她推荐的那几款产品。

经典实例解读

唐韵特别懂得运用联想来激发客户的购买欲望。客户是个男性，所以自己并不需要购买化妆品，也当场就拒绝了唐韵的推销。但是唐韵并没有放弃，而是利用联想，从客户可以送太太这一点上入手，激发了客户的购买欲望，最终使这次交易得以达成。

拿单要点解析

每个人都有丰富的想象力，在销售的过程中，销售人员要注意用联想的方式来启发客户的想象力，激发他们的购买欲望。当客户拒绝的时候，直接劝说可能不会有很好的效果，这时候就可以利用联想来使交易达成。若要利用联想来激发客户的购买欲望，销售人员可以试试下面的几个方法：

1. 对产品有深入的认识

要进行联想，首先销售人员自己必须对产品十分了解。假如销售人员不了解自己的产品，只怕连如何向客户推销产品都不知道，就更不要说联想了。只有当销售人员对自己的产品有深入认识之后，才可以通过产品的信息来结合客户，然后联想。当你对产品有深入的认识之后，联想的方向就很多了，比如：你的产品可以给客户带来什么样的价值，方便他们的工作和生活；你的产品能够在何种情况下使用，应该如何使用，使用之后可以带来什么样的效果等。有了联想的方向，就可以引导客户逐渐产生购买的欲望，也就为最终的成功交易打开了一扇门。

2. 充分发挥联想的能力

销售人员要让客户联想，首先就要发挥自己的联想能力，然后才能对客户进行引导。销售人员可以通过自己的想象力，在脑中勾勒出一个特定的场景。这时候，一定要注意，你自己描述出的这个场景一定要有真实的感觉，有充分的感染力。销售人员的联想只有拥有打动自己的效力，才有可能进一步去打动客户，激发他们产生购买的欲望。

3. 用你的联想引导客户

销售人员通过联想在自己脑中形成了特定场景之后，必须进一步用它来打动客户，这样才能产生实际的效果，使客户产生购买的欲望。在用自己的联想引导客户的时候，你需要用生动形象的描述来增强代入感，让客户进入到你联想出来的场景当中。只有当客户对你的联想产生了共鸣，他们才会产生欲望，进而决定购买。

拿单秘诀

销售人员在推销产品的时候，难免会遇到客户拒绝的情况，假如听到拒绝之后转身就走，交易马上就失败了。或者你还是一味地讲解，这也是行不通的。这时候，你需要通过联想，设置出特定的场景，让客户知道你的产品对他很有用。或者，你通过联想，让客户知道使用了你的产品之后会达到很好的效果。利用联想来激发客户的购买欲望，订单就容易签下了。

欲望：通过体验式营销，让客户找到购买后的感觉

华军是一个手机店的销售员。这天下午，有一位顾客走进店里，目光在展示柜里来回搜寻。

华军上前询问："您好，请问您是要买手机吗？"

顾客说："是的，我想买一部小米手机，听说小米手机的质量很好，用起来也非常方便。我用朋友的小米手机试了试，觉得很好用，所以这次换手机，我就买小米的吧。"

华军听说这位顾客要买小米手机，但是小米手机的市场一直都非常紧俏，他们的店里的小米手机前两天就已经卖完了，现在根本没货。但是华军不想就这么放弃一个客户，就没有直接说，而是问："如果别的品牌的手机和小米手机一样好，您愿不愿意买呢？"

顾客说："我现在就认准了小米手机了，这手机的质量很好，简直挑不出它的毛病来。我那个朋友的手机都用一年多了，还跟新的一样。别的品牌的手机能有小米那么好的质量吗？"

华军笑着说："其实手机质量好的不只是小米一家，还有很多，比如华为、酷派、中兴、联想都挺不错的。要不您试试这款'酷派大神'的手机，它非常好用，而且价格也不贵。它的质量也是很有保障的，用上几年绝对没问题。"

华军说着，把一款"酷派大神"手机拿了出来，介绍说："您

看它的屏幕很大，无论是看新闻还是看视频，都非常方便。它的机身很薄，重量也很轻，手感很好。它的系统也是安卓的，和小米的米柚系统差不多，使用起来同样很方便。”

顾客拿着手机操作了一会儿，说：“确实还不错，不过你还是拿小米手机过来看看吧。”

华军说：“实不相瞒，我们店里的小米手机已经卖完了。”

顾客露出一个失望的表情：“这样啊，那我去别的店里看看吧。”

华军说：“现在小米手机的销售情况非常火爆，很多店里都没货的，在网上抢购都抢不到，所以我建议您还是买我推荐的这一款吧，它的体验感也很好啊！”

顾客又转身回来，拿起“酷派大神”来操作了一会儿，有点犹豫不决。

华军赶紧说：“这样吧，您可以买下这部手机，拿回家去再细细体验一下，七天之内，如果您觉得不满意，可以拿回来退货，怎么样？”

顾客想了想，说：“好吧。”

过了一段时间，这位顾客又来到华军的店里，说：“你推荐的这款手机挺好用的，我的太太用了用之后也觉得很喜欢，现在我来给她买一部。”

经典实例解读

华军之所以能够改变顾客的购买意愿，并最终把自己的产品卖出去，是因为他让顾客体验了“酷派大神”这款手机，使顾客了解到这款手机的体验感也非常不错，并且还答应客户七天之内可以退货，让客户能够更细致地体验这款产品。假如他没让顾客体验，直接告诉顾客没有顾客想要的产品，可能顾客转身就走，那便没有达成交易的可能了。

拿单要点解析

客户购买一件产品，最关心的问题就是产品的质量够不够好，假如花钱买来的东西是次品，谁都难以接受。所以，销售人员不妨先让客户自己体验一把，当客户亲自使用了产品以后，就知道它合不合自己的意，该不该购买了。因此，用体验式营销的方法，比一味劝说效果要好得多。在让客户体验产品时，销售人员可以这样做：

1. 用创新来吸引客户

客户的体验感很重要，这在移动互联网时代已经是人尽皆知的事，几乎所有销售人员都已经学会先体验后购买这一招。因此，要想比其他人做得更好，你就要用创新的方式来吸引客户。比如有的餐馆，所有的菜式都按照客户的要求进行“私人订制”；有的陶器店里有专门供顾客体验的制作机器；有的家用电器品牌会设置样板间，让客户体验一下家庭影院版的标准搭配是怎样的效果。总之，销售人员要根据自己所卖的产品的特点，用新奇的、体验感高的方式来引起客户的购买欲望。

2. 在客户体验时注意解说

当客户体验产品的时候，他们专注于感受产品的功能，所以他们的感官在这时是最容易被调动起来的。因此，销售人员要注意在客户体验的时候对产品进行讲解，这样他们就更容易融入产品的体验当中，也对

产品了解得更透彻。除了讲解，销售人员还可以进行心理暗示，这样客户的体验感比单纯由他们自己体验要高出很多，客户更容易下定购买的决心。

3. 强调产品的优点

假如产品有一些小瑕疵，销售人员就要在客户体验产品的时候，着重介绍产品的优点。这样，客户在体验过后，就会记住产品的优点，而忽视产品的小瑕疵。最终他们会因为产品的优点而选择购买，不会因为小的瑕疵就放弃它。

拿单秘诀

客户都喜欢买质量好的产品，这一点也没错，但关键是很多产品的质量好坏并非看几眼就能判断出来的，所以在购买时，客户会犹豫不决。要想消除客户的疑虑，最好的办法就是让他们亲自体验一番。销售人员要给客户创造出体验的机会，在购买前体验一把，甚至在购买后也可以承诺一段时间内不满意可以退货，来增强客户的体验感，达到销售的目的。

比较：通过比较提升客户满意度

小林是个服装销售员。一天，一个顾客来到了店里。

小林走过去热情地打招呼："您好，请问您想买什么样的衣服呢？我们这里各种新潮的款式都有，您随便挑，随便选。"

顾客说："我来看看有没有合适的上衣。"

小林领着顾客来到摆放上衣的地方，指着一件衣服说："我觉得这件衣服您穿着肯定合适，您不妨试一试。"

顾客看了看，觉得挺好，就让小林拿过来试穿一下。穿上衣服，在镜子面前照了照，顾客觉得挺满意，便问："这件衣服多少钱？"

小林说："这款衣服卖得很火爆，按照正常的价格的话是388元。"

顾客一听，马上道："这么贵啊，那我还是换一件吧。"

小林说："您别急着决定呀，听我说完。本来它的价格是388元，但是现在我们店里的已经卖断货了，只剩下这个尺码的，所以给您算便宜点，只要188元就可以了。您看怎么样？"

顾客欣喜道："是吗？那我可算是捡了个便宜呀，好吧，这件衣服我买了。"

经典实例解读

小林通过衣服前后价格的比较，让顾客的满意度迅速得到提升，一下子对现在的价格感到非常满意，从而马上做出了购买的决定。由此可见，销售人员在销售的过程中，不妨利用价格上的差异，通过前后的比较，来提升客户的满意度。这种技巧不但适用于日常的产品销售，对于那些价格昂贵的产品的销售，往往更是具有奇效。

拿单要点解析

一般当人们对别人提出的要求表示拒绝时，即便这个要求确实令他难以接受，他还是会在心里感到有点不好意思。这个时候，假如被拒绝者提出一些相对比较高、容易接受的要求，他通常会尽量满足。所以，在给客户推销产品时，销售人员可以故意先提出一个客户无法接受的条件，然后再用一个相对较低的要求来使客户答应。这就是利用前后的比较来提升客户的满意度。在这样做的过程中，销售人员一定要注意下面的问题：

1. 步骤一定要用对

销售人员通过前后要求的不同，用比较来提升客户的满意度，为的就是达到最终交易的目的。销售人员提出高要求，为的只是让客户通过比较更容易做出决定而已，所以，这个过程要按照正确的步骤进行。

（1）先通过交流了解客户的一些信息。这主要是为了在提出较高的要求时，更有针对性，达到更好的效果。

（2）销售人员根据对客户的了解，提出用来进行对比的高要求。要注意这个要求所在的点应该是客户最在意的部分，比如有的客户更关注使用时的性能和体验感，有的客户更关注价格等。需要说明的是，客户的关注点是在上一步就需要你了解清楚的。

（3）接下来，当客户被第一个条件吓到时，销售人员就可以提出客户容易接受的条件了。这样，通过对比，客户就会有超值的感觉，满意度也就迅速提升上来了。

2. 态度要用好

在提供对比信息的时候，销售人员的态度一定要把握好，假如让客户觉得你是在故意刁难他，那他就有可能会选择放弃交易。因此，销售人员一定要在使用对比的销售方法时，用好自己的态度。

（1）在说客户难以接受的信息时，态度一定要保持温和，这样即便客户无法接受，也不会立即拂袖离开。温和的态度能够使客户的心态平静，不易令他们产生厌烦的情绪。假如销售人员是以一副高高在上的姿态来对待客户，他们就会反感，继而不再购买产品。

（2）语气和表情都应该保持自然的状态。在说比较高的对比条件时，销售人员要以自然的状态表述，这样客户才不会怀疑你是在说谎。而接下来说出令客户感到欣喜的低要求时，也不要有太过激动的表现，否则客户会觉得你是故意这样做的。

拿单秘诀

谁都喜欢占便宜，所以销售人员在做销售的时候，就可以利用前后不同的说法，通过比较使客户产生占便宜的感觉。如果销售人员只是用普通的方法劝说，客户很难改变自己的想法，满意度也不容易提升。但是通过这个小技巧，客户的满意度就可以瞬间飙升。在感到满意之后，客户就会迫不及待地把产品买下。

信赖：取得客户信赖，其才会做出购买行动

T公司准备新引进一台机械设备，不少厂家听说这件事以后，都纷纷前去推销自己的产品。T公司负责购买设备的人是采购部的小王，他整天都要面对很多推销员，感觉简直是烦透了。对这些只顾着推销产品，却不知道结合一下T公司的状况，从T公司的角度考虑问题的销售人员，小王也没有太多的兴趣与他们深谈，总是一阵敷衍之后就把他们打发走。

一天，小王忽然收到了一封信，里边写着："我们厂最近刚生产出一款设备，刚刚运抵公司。因为我们想将这套设备做得尽可能完美，因此，我们很希望有人能够给我们提出一些意见。您对这种机械设备有很深的了解，所以我们诚挚地邀请您来指导指导我们。为了能够尽可能地节省您的时间，当您什么时候有空了，可以联系我们，到时候我们会有专车去迎接您。"主要内容下面附上了联系人和联系方式。

小王觉得很惊讶，他还从来没有见过这样推销产品的。小王知道自己的水平，他对这款设备并不能算是精通，只能说是了解，对方这么说让他很高兴，而对方能够这么在意他的看法，又令他很受感动。于是小王就抽时间去了这家公司，经过了解之后，和这家公司签下了订单。

对于这件事，小王认为，以前来推销产品的那些人，全都把精力放在讲述他们的产品如何如何好上，却不会顾及他的感受。但是写信的这家公司就不同，他们邀请自己去看设备，并允许自己对产品各项参数进行研究。这家公司实际的产品质量让自己敢去充分信赖他们，所以也就愿意和他们签单。

经典实例解读

销售人员在销售时首先要做的就是赢得客户的信赖，只有当客户对你产生了信赖感时，他们才会决定购买你的产品。所以，对于销售人员来讲，最要紧的就是如何取得客户的信赖。案例中，销售产品的公司没有直接向小王提出销售的事情，而是先邀请小王到公司来看设备。小王看过设备，了解清楚设备的参数和状况之后，觉得这款设备很适合自己的公司，并对这家销售产品的公司产生了信赖，所以交易很快就达成了。

拿单要点解析

既然销售时赢得客户的信赖如此重要，销售人员就一定要让客户对自己产生信赖的感觉。那么究竟要如何做，才可以取得客户的信赖呢？首先，销售人员要对客户的需求先进行了解，然后还要多听听客户的意见，知道他们是怎么想的。最后，销售人员要尽量让客户亲身参与到销售的过程里，这样就可以取得销售的成功了。具体来说，销售人员在销售时应该注意下面几点：

1. 充分了解客户的需要

要取得客户的信赖，了解客户的需要是首要的，所以销售人员必须要学会如何了解客户的需要。为此，销售人员得先表现出自己的诚意，并且对客户的需要做一下推测，这样就不至于出现漫无目的的情况。

（1）销售人员得有挖掘客户需要的意识，必须将客户最真实的想法找出来。客户之所以会选择购买，就是因为他们的需求能够得到满足，如果销售人员不知道客户真正想要的是什么，就无法满足他们。

（2）销售人员自身的观察力、获取信息的能力以及分析能力都要好。这些能力是了解客户真实需求的前提条件，如果没有这些条件，客户就很难被理解，那客户就会很不满意，从而影响到你们的交易。

（3）销售人员的专业知识要到位。当了解了客户的需求之后，销售人员要用专业的知识来满足他们的需求。如果销售人员的专业知识不够，满足不了客户的需求，就很难打动客户。

2. 重视客户的想法

客户会对产品有一定的认识，也有可能会存在这样那样的不满，他们也许会将这种不满表现出来，也许会把不满藏在心里，然后默默走开，终止这单交易。很显然，做出第二种选择的人是占大多数的，因为没有人愿意在自己不满意的产品上浪费时间。因此，销售人员应该主动询问客户对产品的看法，并努力消除他们的不满。当客户觉得自己的想法是被重视的，他们就不会轻易放弃交易了。

拿单秘诀

客户刚开始对销售人员都是有一定的戒心的，销售人员想要让他们

愿意签单，首先就要赢得他们的信赖。为了走好这最关键的一步，就要真正将客户的需求挖掘出来，并且在销售的过程中让客户亲身参与。客户自己对产品有了体验，并参与到销售当中，就会对销售人员产生信任感。这样一来，订单也就搞定了。

购买：精准把握购买时机，一举拿下订单

一个客户到店里去买照相机。

销售员："您好先生，请问您是要买相机吗？"

客户："我准备买一部简单好用的相机，不知道什么品牌的好一点？"

销售员："这要看您准备用它来干吗了，如果只是平时用来拍一些简单的照片，我觉得您可以考虑一下佳能这个品牌的相机。"

客户："是吗？佳能的相机和其他相机比较，有什么优点呢？"

销售员："佳能的单反镜头群广，所以它的镜头可以有很多种选择，您可以根据自己的意愿进行选择；佳能相机的感光元件是自己生产的，因此它的感光元件质量有保障；佳能相机的像素是比较高的，而且在成像上来看很柔和，适合拍摄人像；佳能相机整体来说性能很好，在市场上拥有良好的口碑。"

客户："听起来是不错，我再考虑一下吧。"

销售员："我们现在正在搞优惠促销的活动，如果您现在购买，可以给您打八折，所以我建议您如果觉得好，就赶紧拿个主意。"

客户："好吧，那我就买佳能相机吧！"

经典实例解读

在客户下单之前，销售人员一定要清楚判断什么时候达到了成交的时机，然后把握住这个时机，就可以使交易达成。案例中，当销售员将佳能相机的优点介绍出来以后，客户就产生了购买的冲动，但是还没有下定决心，销售员准确地抓住了这个购买时机，用促销活动进一步激起客户的购买欲，从而一举拿下订单。由此可见，销售人员精准把握购买时机，对销售的成功会起到关键的作用。

拿单要点解析

销售人员应该在做销售的时候多说客户愿意听的话，而当客户有了购买的想法时，销售人员就要马上把握住时机，促成这单交易。所以说，销售人员读懂客户内心的想法是非常重要的。要做到准确判断客户的想法，首先得从他们的表现入手。比如以下的几种情况：

1. 客户对产品进行比较

当客户把你的产品拿来和其他同类型的产品进行比较的时候，说明他已经对这款产品动心了，所以才会和别的产品比较，通过对比来进一步确认自己应该购买。

2. 客户积极询问产品信息

如果客户对产品的使用方法、使用时的注意事项、保养方法等进行询问，或者是向你索要样品、说明书之类的东西，就说明他很感兴趣，

想要购买。

3. 客户对体验产品感兴趣

假如客户不断试用你的产品，说明他很喜欢这款产品，有购买的意向。

4. 客户突然兴奋起来

如果客户本来没有什么兴趣，但是当你介绍一款产品时，他突然兴奋起来，这就说明他对这款产品很中意，有了购买的想法。

5. 客户寻找理由压价

假如客户找各种理由，甚至吹毛求疵，来压低产品的价格，说明他很想购买，并且希望能够以最实惠的价格买到产品。如果他们对你的产品没有兴趣，他们不会在价格上和你争论不休。

拿单秘诀

销售的过程都有各自的特点，销售人员要根据实际的情况来判断客户心中的想法，如果销售人员能够把握住客户的心理，就可以因势利导，促使交易达成。当客户有了购买的意向时，他们会有通过一些行为表现出来，销售人员通过观察，根据这些信号使用一定的技巧，就可以一举拿下订单。

第二章

了解顾客关注的细节，是打造金牌销售的基石

细节都是细微的、琐碎的事情，所以经常会被人们忽略掉。但是，这些看起来似乎微不足道的小事，在销售当中就可能会发挥十分关键的作用。因此，销售人员一定要在把握好大局方向的前提下，尽可能将销售的细节做到完美无缺。一个了解顾客并注意做好细节的销售员，一定是受客户喜爱的销售员，他的销售业绩一定会非常棒。

预约：给顾客想要的预约方式

张小姐是一位家装设计师，有一次她准备到一个客户李小姐的家里去拜访，看看这家客户对自己设计的装修风格满意度如何。在登门拜访之前，张小姐首先对李小姐进行了预约，双方在电话里进行了交谈。

张小姐："李小姐您好！请问能否占用您几分钟的时间？我是某某家装设计公司的设计师，前不久您家的装修样式是我帮您设计的，不知道您还记得吗？我想就您家的装修风格满意度做一次调查，并看看您家里现在的室内环境情况怎么样，然后再给您提出一些建议。"

李小姐："原来是这样啊！我对这个设计风格很满意，不过我觉得客厅的家具好像显得有点过于紧凑了。"

张小姐："那么您如果愿意的话，我们可以约个时间，我到您家里去帮您看一看，给您提供一些建议，这大概需要占用您半个小时的时间。"

李小姐："半个小时没问题，我可以接受。"

张小姐："十分感谢您的配合，我一定会帮您把家里的布局变成您想要的那种。那么您什么时候有时间呢？后天怎么样？"

李小姐："可以的，那就后天吧。"

经典实例解读

很明显，张小姐的预约是十分成功的，这主要还是因为她能在交谈的过程中能够符合客户心中的想法，用客户想要的方式来预约。客户想要什么样的预约方式呢？客户希望得到销售人员的关心，而不是听销售人员总是催促自己买他们的东西。张小姐在与客户谈话时重点是放在帮客户解决问题上，所以便赢得了客户的认同。

拿单要点解析

有不少销售工作在正式开始之前都需要先预约，假如这个环节就已经失败了，接下来的工作便无从开展。一次成功的预约，能够让你的销售工作赢在起点上。一般预约都是通过电话的形式进行的，所以销售人员必须懂得电话预约的技巧。

销售人员如果能够和客户约好，在见到客户本人时，就绝对不会有吃闭门羹的风险。电话预约还能够让双方在见面之前有充分的准备，不至于有贸然相见的尴尬，客户也不会觉得你的销售行为很莽撞。在电话预约时，应该注意以下几点：

1. 问候并自我介绍

人与人交往首先就要问候，它可以拉近双方之间的距离。销售人员在问候时最好要先搞清楚对方的职位，这样就能在称呼上加上他们的职位了，例如“周总”“王经理”；如果不知道对方的职位，可以称呼对方“先生”或“女士”。接着，销售人员就应该自我介绍了，应该先介绍自己，然后再介绍一下自己的公司，并点一下自己要销售的东西，提到就可以。

2. 说出自己的目的

和客户在电话里沟通，一定要让客户明白你为什么会给他打这个电话，所以销售人员要表明自己的目的。但是，需要注意，表明目的并不是一定要急着详细介绍产品，应该使用一些策略，让客户更容易接受。可以先从你的产品有什么作用入手，例如："假如现在有一种产品能够帮您节省更多的时间，您愿意试一试吗?"

3. 多了解客户的信息和需求

在进行电话预约时，重点不是介绍自己的产品，而是了解客户的信息和需求。如果销售人员在电话里说个不停，客户听一会儿就会厌烦。当销售人员询问客户的情况时，就由讲述变成了倾听。客户在讲述时会有参与感，变得更愿意交流，而同时，销售人员也得到了需要知道的信息。比如销售人员是卖平板电脑的，就可以询问客户："您有没有买平板电脑的想法呢?"假如客户已经有平板电脑了，就可以问他现在用的是什么品牌的产品，用了多久了，从而确定他是不是有成为你客户的可能性。

4. 预约见面

预约的最终目的是见面，因此销售人员应该在和客户的通话快要结束时，把见面的时间确定下来。如果销售人员和客户的交谈进行得很顺利，就抓住这个机会，尽快把事情敲定，以免中途出现其他的意外，使客户推掉这次预约。

拿单秘诀

很多成功的销售都是从预约开始的，而预约的方式一般都是打电话。在给客户打电话之前，销售人员就应该先对客户的情况有一个初步的了解，例如客户的职位等，然后还要做好计划，掌握预约的技巧。做好了这些，预约的成功概率就会大很多，若是销售人员再注意从客户的需求方面入手，用迂回的方式介绍产品，就更容易被客户接受了。

礼仪：注重礼仪是赢得客户认可的关键

孙小姐是某小区的一位住户，这个周末，她正在家里打扫卫生，忽然听到有敲门的声音响起。孙小姐过去将门打开，见门外站着一个戴着墨镜的陌生男子，就问："你好，请问你是……"

这个男子并没有将眼睛摘下，直接从包里拿出一张名片递了过来，说："我是S公司的销售员，来推销我们最新的护肤产品的，这是我的名片。"

孙小姐见这个人和自己说话的时候连墨镜都不摘，觉得非常反感，不过她的脾气很好，并没有说什么，接过对方的名片，看了一眼，说："不好意思，我暂时不需要护肤品。"

这个销售员看了孙小姐的脸一下，说："我看您的皮肤黯淡无光，还有不少青春痘，使用了我的产品以后，一定会有很好的效果。"

孙小姐听了他的话更加生气："你的意思是我很丑吗？对不起，我很忙，请你赶紧走吧！"说着，就要关门。没想到这个销售员比她的反应更快，一伸手就把门拉住了，还说："别这样啊，我的产品真的很好，你可以试一试，如果觉得不好，我可以承诺退货。"

孙小姐更生气了，大声说："你赶紧离开，再不走我就报警了！"听了这样的话，销售人员只好灰溜溜地走了。

过了一周的时间，又到了周末。孙小姐听到有人敲门，开门以后，外面站着一个年轻的小伙子。孙小姐问：“你好，请问你找谁?”

小伙子笑着说：“您好，我是J公司的销售人员，来向您推荐一下我们的护肤产品，这是我的名片。”说着，双手将自己的名片递了过去。

他接着说：“我看您的皮肤很不错，不过如果能用我的护肤品，您的皮肤还可以变得更好。”

孙小姐说：“是吗，不过我暂时没有买护肤品的想法。”

小伙子说：“没关系，如果您有什么需要，随时可以按照名片上的联系方式和我联系。还有，这是我们公司的产品介绍，我给您留一份。我可以保证我的这些产品都是好产品，如假包换，您用过之后就会发现。”说着，他把产品的介绍单给孙小姐留下了一份，就离开了。

孙小姐觉得这个小伙子很懂得礼仪，虽然拒绝了他，但也对他产生了一些好感，过了一段时间，家里的护肤品用得差不多了，孙小姐就想起了这个小伙子，然后通过名片上的联系方式，从他那里购买了护肤品。

经典实例解读

可以看出，第一个向孙小姐推销护肤产品的销售员之所以会失败，就是因为不懂得礼仪，招致了孙小姐的反感。而第二个销售人员之所以最终获得了成功，就是因为他在销售的时候特别注意自己的礼仪，使孙小姐对他产生了好感。很显然，客户更愿意与那些懂得礼仪、举止斯文的人进行交易。所以销售人员在做销售的时候，一定要注重礼仪。

拿单要点解析

销售人员一定要在销售的过程中给客户留下一个好的印象。只有注重礼仪，才可以得到客户的认可，只有得到了客户的认可，才能进一步完成交易。有些人可能觉得最重要的是产品，像礼仪这种细节上的东西根本没有太大的用处。如果这样想就错了，俗话说细节决定成败，如果客户连你的行为都无法接受，他们就更不可能有兴趣去了解你的产品了。因此，注重礼仪是销售的第一步，也是很关键的一步。在礼仪方面，销售人员应该做到以下几点：

1. 遵守诺言，把握时间

销售人员要保证自己的礼仪，首先应该做到遵守自己的诺言，并且把握好时间，这是最基本的礼仪。通常，在销售时，如果你之前有过交货的承诺或者是按时完成某个项目的承诺，就一定要遵守诺言。假如你遇到了困难，也要想尽一切办法做到，要知道，客户想要的不是解释而是结果。在预约见面或者参加什么会议的时候，一定要遵守时间，可以早到一会儿，但绝对不能迟到。

2. 注意自己的言谈举止

销售人员的言谈举止就是自己的一张名片，如果言谈得体，举止大方，就能赢得客户的好感，接下来的销售工作就容易开展了。在言谈上，首先应该注意自己的称呼，称呼一定要用对，比如在学校里就要称老师、教授，在医院就称呼医生，平时称呼某总或者先生、女士。在谈话中注意自己的措辞，多用敬语，多说“请”“您”之类的字眼。除了语言之外，举止方面也要严格注意，你的面部表情要自然，从眼神到姿态以及身体的动作都要平和，向客户传达你是个“温文尔雅的人”这个信息。

3. 穿衣打扮要得体

一个人的穿衣打扮会直接影响到别人对你的印象，因此，销售人员在做销售时一定要穿着得体，绝对不能穿一些奇装异服，那会让人十分反感。一定要面净发理，让客户看到你之后就觉得你是一个很干练的人。

拿单秘诀

好的礼仪是展开销售工作的第一步，也是非常关键的一步。拥有好的礼仪，销售人员在做销售时会更加自信，这也更有利于销售人员充分发挥自己的主观能动性，根据实际情况灵活应对。如果销售人员本身的礼仪就很差，无论说什么做什么都会引起客户的反感，那销售工作就很难做。

产品：对产品的了解程度决定赢得订单的概率

陈小姐在逛超市的时候看到了一款产品，这款产品的样子和香皂差不多，但是样子又有些不同，上面还有一个十分漂亮的中国结，很是惹人喜爱。陈小姐想买这款产品，但是又不清楚它到底是干什么的，所以又点犹豫。

这时候，和陈小姐一起来的吴小姐见她愣神，就走过来问："看什么呢，这么出神？"

陈小姐说："这个东西看起来很像是香皂，但是挺漂亮的，不知道是做什么的？"

吴小姐看了一眼，说："就是香皂吧，没什么用，你家里没香皂了吗，干吗要买它？"

陈小姐有点不信："这真的是香皂吗？"

一旁的销售人员见她们在这里讨论，连忙过来，说："你们好，这不是香皂，而是一款空气净化剂。"

吴小姐说："原来不是香皂啊，我们还以为是香皂呢！"她又转向陈小姐说："不过空气净化剂你家里也不需要吧？"

销售员连忙解释说："这种空气净化剂的净化效果非常好，可以借助水蒸气挥发。如果您把它挂在浴室里或者是卫生间，能起到非常好的效果。它的气味淡雅，但去除异味却很强，您一定会满意的。而且，它非常美观，可以起到装饰的作用。”

陈小姐听完后说：“听起来很棒，我就买一个吧！”

经典实例解读

例子中的陈小姐本来一直在犹豫该不该购买这款漂亮的空气净化剂，销售员之所以能够促成这单交易，就是因为他对产品十分了解，提供了极有说服力的信息，让陈小姐下定了购买的决心。如果销售人员无法说出产品的具体信息和优点，陈小姐很可能就不会购买了。由此可见，销售人员一定要对自己的产品了如指掌，因为对产品的了解程度将决定赢得订单的概率。

拿单要点解析

销售人员只有对自己的产品有了充分的了解之后，才能在销售的过程中更有自信。我们可以想象一下，如果一个销售人员面对客户的提问，一问三不知，或者是支支吾吾答不上来，那他会有多么尴尬。只有当销售人员充分了解自己产品的时候，才能进行有力的介绍，让客户喜欢上产品，进而购买。销售人员了解产品，可以从几个方面入手：

1. 产品的品牌

现在这个移动互联网时代，信息的传播速度简直快到令人难以思议的地步，而伴随着信息的迅速传播，品牌给产品带来的作用越来越大。一个品牌如果流行起来，瞬间就会风靡整个市场，甚至是全球的市场。

因此，了解产品的品牌，并用品牌来吸引客户，是十分关键的。

2. 产品的特点

产品的特点是销售人员一定要清楚知道的。每个产品都有它自己的特色，这些特色既是吸引人眼球的东西，也是产品的核心卖点。产品的性价比高，产品的售后服务好，产品的优点多，产品的缺点有哪些，这些都是销售人员应该烂熟于心的。知道产品的优势，就要在介绍时重点突出，知道产品的缺点，就要事先想好当客户问到这方面的事情时应该如何解答。

3. 了解产品的制作工艺

有些销售人员可能只知道产品的特点，不知道产品的制作工艺，这也是对产品的了解不够。现在的客户对产品都了解得比较深，有些产品为了显示自己的特色，也会用制作工艺来吸引客户。比如小米 4 手机发布会上，小米就用了“一块钢板的艺术之旅”，用加工工艺来吸引人；苹果手机的“蓝宝石屏”传言也吸引了不少人的眼球。所以，销售人员知道产品的制作工艺是很有必要的。

拿单秘诀

想要拿下订单，销售人员首先要对产品有足够深入和透彻的了解。销售人员应该像了解自己的身体那样了解自己销售的产品，这样才可以在说服客户购买的时候，有话可说，用有理有据的干货来赢得客户的青睐。所以，想提高销售业绩，先从深入了解产品开始。

服务：给客户提供完美的服务是签单的前提

一位女士来到一家首饰店，在柜台前驻足观看。

销售人员马上迎了过来，询问："这位女士您好，欢迎来到本店，我们这里有很多漂亮的首饰，您看看喜欢哪一款？"

这位女士说："今天是我的生日，所以我想给自己挑一个生日礼物，我自己先看看吧。"

销售员听她这么说，连忙送上了自己的祝福："今天是您的生日啊，首先要祝您生日快乐，很荣幸您能够来本店选购生日礼物。您随便挑选，您看上了哪款产品，都给您打八折，算是我们的一点心意。"

女士听了他的话很高兴："那可真要谢谢了，我要好好选一个。"

销售员对身边的一位同事说了几句话，同事就匆匆走了出去。

销售员走到女士的身边，随时为她介绍她留意的那些首饰："您看这款白金的戒指，非常典雅大方，适合您的气质，它雪花式的形状很漂亮，柔和的线条，戴在手上也会感觉很舒服。它的价格是 9998 元，我可以给您打 8 折。"

女士看这款戒指确实挺漂亮，不由得心动了，但还是有些犹豫。这时，销售员的同事从外面捧着一束鲜花回来了。销售员把鲜花接过来，双手捧着递给这位女士，说：“生日快乐，请接收我们店的礼物！”

这位女士非常感动，接过鲜花，并说：“你们的服务太周到了，谢谢你们的礼物，我就买刚才你说的这个戒指吧！”

经典实例解读

例子中的销售员为什么可以迅速拿下订单呢？因为他懂得如何给客户提供完美的服务。当客户感受到销售员的真诚，他们就会觉得很温暖，然后签下订单。服务看起来似乎没有产品那么重要，但是服务却是最能抓住客户的心的，同时也是销售人员最容易发挥自己主观能动性的一个方面。

拿单要点解析

现在这个产品同质化严重的时代，如果只靠产品方面的因素来吸引客户，显然是不够的，而且，不管是什么产品，都不可能在各个方面全都优于同类产品。所以说，客户在挑选产品的时候，在产品的体验上虽然会有差别，但这种差别却没有实质上的不同。而服务就不一样了，服务的不同能够给客户十分鲜明的感受。在销售的过程中，销售人员应该如何提供完美的服务？你需要注意以下几点：

1. 把客户当成你的亲人

销售人员在进行销售时，如果能够设身处地为客户着想，客户就会对他们非常信任，因为这种真诚客户是能够感受到的。销售人员对待客户不仅仅要热情，更重要的是让客户产生亲切的感觉。为了达到这样的效果，销售人员应该把客户当成是自己的亲人。试想一下，如果是你的亲人想买一件产品，你肯定会给他们挑选一个质量最好的，也最适合他们的产品。但是有的销售人员将客户当成是自己忽悠的对象，那就不可能使客户产生亲切的感觉了。只有客户对销售人员有了亲切感，他们才会下单，因此，销售人员不能把客户当成敌人，而是要当成亲人。

2. 多给客户留点空间

有的人觉得只要把产品推销出去就算是成功了，这是对销售工作一种很错误的理解方式。销售人员不仅仅是把自己的产品推销出去，更是卖服务，因此，在服务客户的时候，必须充分尊重客户的意愿，而不是将自己的观点强力灌输给他们。销售人员应该多给客户留点空间，让他们有时间自己思考，自己做决定。给客户留下自己选择和思考的空间，避免一直滔滔不绝地讲述产品，也是提供人性化服务的一个关键点。

3. 耐心很重要

客户有时候可能对产品懂得很少，所以会有很多不明白的地方，会对销售人员提很多问题。有的问题可能在销售人员看来显得比较低级，有的问题可能他们会一连问好几遍，但是无论如何，销售人员都要保持耐心，认真给他们讲解产品的功能和特点，重复强调正在搞的优惠活动。客户之所以有那么多问题，是因为他们感兴趣、想买，如果销售人员表现出不耐烦的情绪，就会影响到服务质量，从而导致交易失败。

拿单秘诀

销售人员应该给客户提供最完美的服务，让客户从内心感受到你对他们是关心的，这样他们就会对你所提的意见更加重视，也更容易接受你的观点。因此，在做销售时，销售人员一定要时刻谨记自己是在做服务，把服务工作做好，销售就成功了一大半。

环境：让顾客感受到一种“家”的感觉

李先生上班的时候，中午要到外面吃饭。他来到一家饭店，进了门，就觉得这个饭店的装修很差劲。饭店的格局非常简单，进门以后是几张方形的餐桌，然后前面就可以看到柜台，墙壁上有几个小型的电风扇，因为长时间不用了，上面满是灰尘。往桌子上看，桌上摆着茶壶和茶杯，还有醋瓶，看上去都比较旧。椅子虽然不破，但也是半新不旧的。

这里的环境让李先生皱起了眉头，不过既然已经来了，他就点了一份水饺。但是，等了很久都还没有做好，李先生有点不耐烦了，催促了好几次，又过了一段时间，服务员才把水饺端上来。李先生感觉这家饭店真是差极了，完全不在乎顾客的体验，所以就再也不想不去了。

第二天中午，李先生又来到另一家饭店，这家饭店虽然和上一家饭店一样，也是小饭店，但里面的装修很不错，墙壁上贴着各种招牌菜品、食物的宣传海报，让人一看就食欲大增。桌子、椅子虽然不算新，但擦得干干净净。店里还有花草从中间将两行桌椅分开。虽然地方不大，但给人的感觉却非常温馨。

李先生点了一份火锅，时间不长，服务员就给端了上来，对这个上餐速度，他非常满意。他觉得这也是饭店注意客户感受的一种表现。

正因为这家饭店注意顾客的感受，把环境搞得非常好，李先生觉得这里有一种“家”的感觉，这顿饭也吃得很愉快，以后便经常光顾这里。

经典实例解读

第一家饭店之所以给人不好的感觉，让顾客来一次就够，不会有第二次，主要还是因为环境不好。环境对消费者心理的影响是潜移默化的，而且这种影响是非常大的，销售人员一定不能忽视这一点。第二家饭店正是懂得这一点，从环境上给人一种“家”的感觉，所以才让顾客愿意一来再来。

拿单要点解析

环境在销售的过程中非常重要，销售人员一定要利用好环境，用好的环境给顾客带来“家”的感受，而不要让环境成为他们反感的因素。销售人员所销售的产品质量好，这只是一个方面，很多情况下，如果没有好的销售环境，销售工作也是无法展开的，比如例子中的饭店就是个典型，很多的超市、商铺也特别需要注意这点。要把环境搞好，销售人员应该注意这几个点：

1. 环境一定要整洁

不管店面是大还是小，不管你的家具是否是崭新的，一定要保持它们的整洁。只要保持整洁，即便店面小、家具旧，依旧能够给人温馨的

感觉。

具体来说，店里的地面上不能有垃圾、水渍等，不仅店里面要干净，门口外面的附近区域也要保持干净卫生。有些店的店里面很干净，但是门外却不注意清扫，路上有不少垃圾，这也直接影响到顾客对店铺的印象。除了地面的整洁，店里的墙体、玻璃等地方也要干净，海报要贴得整齐。店铺的外面不能有东西遮挡，广告牌也不应有破损、掉字的情况。

2. 创造一个温馨的氛围

销售时的环境除了整洁之外，还要温馨。如果有礼品，应该把礼品摆在比较显眼的展示柜，而清扫工具、垃圾桶、杂物之类的东西就要放在角落里了。垃圾桶里的东西要及时清理，不能堆积太多的垃圾。除了店面的整洁干净以外，卫生间也是极为重要的，应该经常打扫，保持卫生间的整洁。

3. 销售人员的态度非常重要

环境并不只是外部看得见摸得着的那种环境，人为形成的软性环境也很重要，而这个环境如何，将取决于销售人员的态度。销售人员应该提供热情的服务，说话得体，举止文雅，不能引起顾客的反感。有时候服务的速度也算是环境的一种，也很重要。比如例子中的两家饭店，顾客之所以喜欢第二家，不喜欢第一家，这和上餐的速度也有不少关系。

拿单秘诀

销售人员必须提供令客户满意的服务，而要让客户满意，环境有很大的作用。假如在销售的过程中，客户能够感觉到自己所处的环境非常温馨，销售人员带给他的感觉也特别好，他们就会敞开心扉，把自己内心的想法吐露出来。销售人员知道了客户的内心所想，就可以对症下药，这单子也就容易达成了。

销售工具：准备好道具，才能做到有备无患

CPB的公司总裁克林顿·比洛普在年轻时就已经是一家小广告公司和公关公司的老板了，为了能够让自己的收入更多，他同时也给康涅狄格州西哈福市的商会推销他们的会员证。

有一次，克林顿到一家小店铺去推销商会的会员证，这家小店的地理位置比较偏，在西哈福市的边缘地带。从这家小店里出去，只要往前走几步，再过一条街，就可以到哈福市了。

小店的老板对克林顿说的事情一点也没有兴趣，语气生硬地说："年轻人，你应该明白，西哈福市的商会根本就不知道我的存在。你看看我这个店在什么位置上？没有谁会在意这样一个小店铺的，你还是赶紧走吧！"

克林顿说："不是的，先生，请听我说，你是一个非常重要的人，你的店也是非常重要的店，所以我们都很重视你。"

店老板笑了起来："你真会开玩笑，如果你能证明你说的话是真的，我就同意加入这个商会。"

克林顿也笑了起来："好吧，你一定会相信我说的话。"说着，他拿出了一个大信封，放到了店老板面前的展台上。

"这是什么？"店老板有些奇怪。

"打开看看不就知道了吗？"克林顿将信封打开，从里面抽出

一块金属牌。这是商会的专用牌，用来标示西哈福市商业区的具体范围。

店老板见了这块牌子，就知道克林顿是绝对有诚意的，于是决定加入商会，并立即缴纳了入会费。

经典实例解读

店老板之所以一开始拒绝，是因为他对自己的店没有足够的信心，也觉得柯林顿是在跟他开玩笑，并不是真的让他加入商会。但是，克林顿随身携带的道具——那个商会的金属牌，起到了关键的作用。正是因为这个道具，店老板看到了克林顿的诚意，也正是这个道具，省去了柯林顿的很多口舌，顺利完成了签单的任务。因此，在做销售的时候，必要的工具一定要有，只有拥有了工具，做事时才能事半功倍。

拿单要点解析

在销售的时候，销售人员的销售技巧固然很重要，但是工具的作用也是绝对不能忽视的。俗话说：人巧不如家什好，销售工具在销售过程中所起到的作用是巨大的，有时候能立马改变尴尬的状况，进入一个新的阶段。事实胜于雄辩，销售工具所起的作用不是语言所能够替代的，因此，用好了它，才能轻松搞定客户。在使用销售工具时，应该注意几点：

1. 名片要做好

名片是任何一个销售人员都必须做好的，这一点毋庸置疑。有销售大师说："如果只让我选一种推销工具来做生意，那我的日子肯定不好过，因为所有的工具都是必要的。但一定要我选择的话，我会选择名片。"名片不可太花哨，应该简洁大方，能够凸显出本人以及公司的主要信息就可以了。

2. 可以随身携带产品的模型

有些产品可能体积很大，有些产品可能容易损坏，销售人员无法将它们带在身上，但这也没关系，可以随身携带产品的模型。用产品模型来介绍自己的产品，将起到非常好的效果，客户会像看玩具一样看这些模型，并会产生浓厚的兴趣。

3. 产品的资料要准备完整

在销售时，只靠销售人员的介绍，是不可能将产品完全介绍清楚的，客户如果有购买的意向，一定会看详细的产品资料。因此，销售人员一定要事先准备好，到时候就可以将资料直接拿给客户看。比如，产品的图片、产品的参数资料、权威机构的评价、产品的价目表、产品的专利证书等。

拿单秘诀

销售是一个说服客户的过程，销售人员想要说服客户，只靠语言是不够的，必须要有相应的销售工具。销售人员磨破嘴皮子也做不到的事情，可能只要一个恰当的销售工具，就可以立即搞定了。因此，销售人员一定要随身携带销售工具，并在销售的过程中合理利用，这样才能使销售工作变得更加容易。

第三章

由表及里巧评估，透过外表看虚实

虽然有句俗话叫作“人不可貌相”，但是一个人的很多信息都可以从他的外表透露出来，销售人员如果懂得如何由表及里巧妙地通过外表来看客户虚实，就能在做销售时更有把握。信息对做销售的人来说是至关重要的，虽然销售人员能在做销售之前对客户进行了解，但是直接接触客户时从他们身上得到的信息更加直观与真实，能透过客户的外表看清楚他们的虚实，销售人员才可以有针对性地展开攻势，拿下订单。

判断客户类型可以从“以貌取人”入手

一个身材高大的顾客走进一家服装店，销售员小张赶紧走过去：“您好，这位先生，请问您是要买衣服吗？想要什么样的衣服，我可以给您介绍一下。”

顾客说：“我先随便看看吧。”

小张看这位先生身材高大，走路步伐很稳，速度也很快，认为他是一个做事雷厉风行的人，性格也一定很爽直，所以应该是喜欢在做事的时候自己拿主意。想到这里，小张就不再多说，只说了句：“好的，您随便看，如果需要了解哪件衣服的话，告诉我一下就行。”说完，退到了一旁。

小张虽然退开了，但并没有离开顾客太远的距离，而是跟在他的附近，随时准备为他讲解他看中的商品。

顾客在店里转了一会儿，目光停留在一件风衣上。小张知道顾客一定是有了购买的意向，于是马上走了过来。客户看见小张过来了，就问：“你觉得这件风衣我穿着合适不合适？”

小张说：“先生，这件风衣的销量非常好，本来它就是很流行的款式，您的身材又这么好，您穿在身上一定特别潇洒。我不得不说，您真有眼光！”

顾客笑了笑：“是吗，我也觉得这件衣服很好，那我就买它吧！”

经典实例解读

小张非常聪明，从顾客的外貌特征和行事风格就可以判断出顾客的类型，并根据顾客的性格和行事风格来提供有针对性的服务，最终完成了交易。如果小张不会判断顾客的类型，不懂得及时闭口，而是像平时那样滔滔不绝地介绍产品，就有可能会招致顾客的反感，使交易无法达成。所以，从客户的外貌特征正确判断客户类型，并提供让客户无法拒绝的贴心服务是十分有效的销售技巧。

拿单要点解析

外貌是一个人非常重要的特征。俗话说“腹有诗书气自华”，人的性格、学问、修养，都会在他的脸上显现，这就是我们通常所说的气质。销售人员要学会“以貌取人”的方法，从外貌特征判断出客户的类型，从而找到适合他的销售方法。外貌特征一般可以分成以下几种：

1. 高大威猛、面相粗犷的

高大威猛、面相粗犷的人一般做事比较直接，也很爽快，说一不二，做决定就是一瞬间的事情。对这样的顾客，销售人员一定不要在他耳边喋喋不休，那样只会招致他的反感。像例子中的小张那样，及时闭口，然后看准机会三言两语说服顾客，一举拿下订单，这才是正确的方法。高大威猛并不只限于男性，有的女顾客身材也比较魁梧，做事大大咧咧，这样的女性也属于这个范畴。

2. 文质彬彬、温文尔雅的

有的顾客看起来文质彬彬的，说话的口气也特别温和，这样的顾客男女都有。这种温文尔雅的顾客，他们的心思往往比较细腻，做事情会很认真，有时候甚至会显得有些斤斤计较。面对这样的客户，销售人员应该打起十二分的精神，把产品的细节介绍清楚。要知道，他们只有真正认为一件产品是物有所值时，才会做出购买的决定。

3. 体型有异于常人的

有的顾客身材特别胖，有的顾客身材特别矮。这样的顾客，他们一般会有自卑的心理，可能这种自卑并不明显，但多多少少还是会有的。正因为他们自卑，所以自尊心就显得更强，对一些东西会特别敏感。面对这种顾客，销售人员一定要注意自己的言行，并发自内心地去为他们着想，这样才可以达成交易。

拿单秘诀

佛家有一句话叫作“相由心生”，林肯也曾经说过“一个人过了四十岁，就应该为自己的相貌负责”，这就说明相貌确实是和人的性格特征有关系的。销售人员在做销售的过程中，要注意观察客户的外貌特征，从他们的外表判断出他们的类型，从而使用最符合客户特点的销售策略，进而拿下订单。

客户的购买力可以通过外表体现

小王是一家服装店的销售员，他特别懂得对不同的顾客应该如何招待，所以销售业绩一直非常好。

这天，一位女士来到小王的店里，要买衣服。小王见这位女士的穿着比较朴素，言行举止也很低调，判断这位女士应该没有特别强的购买力。所以，小王就将这位女士带到了普通的服装区，这里的衣服价格很大众化，适合普通消费水平的顾客。

果然，这位女士就是要买这种价位的衣服，挑选了一会儿之后，买了一件外衣和一件衬衫，满意地离开了。

过了不久，又有一位女士来到小王的店。这位女士身上穿着一身名牌，带着银耳环、金项链，看起来珠光宝气。小王知道，这位女士的购买力一定很强，所以直接带她来到了高档服装的区域。即便这些衣服的价格已经很高了，可这位女士似乎还是觉得它们有点便宜了，不太想买。她说："你这里的衣服怎么都这么便宜，还有没有更好一点的?"

小王陪着笑说："这些衣服已经非常好了，您看这做工特别精细，质量也是一流的，只不过我们店为了回馈消费者，价格上降低了一些，这也是为了迎合广大消费者嘛。不过一看您就是看重质量、不问价格的人，其实它们绝对能符合您的品位。"

女士点了点头："好吧，你把最贵的那件拿给我看看。"

就这样，在试过之后，这位女士买下了最贵的那件衣服。

经典实例解读

每个客户都有自己特定的购买力，能不能达成交易，和客户的购买力有很大的关系。所以，销售人员要想把销售工作做好，就得知道客户的购买力，而判断客户的购买力，首先要从外表入手。例子中，小王就是通过外表，判断出两位女士的购买力，从而根据这个因素推荐相应的商品，然后成功完成了交易。

拿单要点解析

俗话说"人靠衣装，佛靠金装"，一个人的外表能决定很多事情。虽然我们不能简单地以貌取人，但对销售人员来说，从客户的外表绝对能够看出很多东西来，例如客户的经济实力、修养、品位，甚至更深一点，看出观念以及爱好等。销售人员通过外表来判断客户的购买力，就可以提供相应价位的产品以及服务，得到令双方都满意的结果。在通过外表判断客户时，可以从以下几点入手：

1. 看客户的服装

客户的购买力会在他们穿的衣服上很明显地表露出来。尤其是对女性来讲，她们是很在乎自己穿什么的，这从大多数逛街的都是女性，网购服装的也是女性就可以看出来。所以，那些穿着名牌服饰，款式新颖，质地上乘的女性，一般都是收入较高，也特别舍得在自己想要的东西上花钱的人。而那些穿衣打扮都很朴素的女性，一般来说收入都不是很高。

男性对服装的要求没有女性那么高，但是同样也可以从衣服上看出他们的购买能力。一般穿得比较时尚，但服装的价钱不是很高的人，购买力都是一般的水平。那些成功男士，穿得虽然很简单，但衣服的面料却一定是很好的，品牌也很高档。

2. 从客户的鞋子上来判断

鞋子和衣服一样，也能够看出一个人的购买力，而且从鞋子上来判断所得出的结果往往比衣服更准确，因为衣服是比较容易过时的，但鞋子却没有那么快过时。人们可以在衣服降价的时候买到价格相对便宜的高档服装，但是鞋子就不那么容易降价了。一个客户如果穿着很高档的鞋子，那他肯定是有很强购买力的人。

3. 从客户身上的装饰物来判断

客户身上佩戴的装饰物也和他们的衣服一样，是可以反映出他们的购买力的。身上穿的衣服有时候可能看不出是否值钱，但是从饰品上却容易看出端倪。假如客户戴着钻石或者真金美玉，那他们的经济实力肯定有保障。而有些客户虽然佩戴的饰品不是特别值钱，但却十分精致，这样的客户一般品位很高，也是舍得花钱的人。

拿单秘诀

穿衣打扮是我们看到客户第一眼时就能看到的东西，也是可以反映出客户很多信息的东西。客户的品位以及经济实力都可以通过他们的服饰表现出来。因此，销售人员一定要注意观察客户的服饰，从这上面看出客户的购买力，从而推荐最适合客户的产品。

用心观察，找出客户的需求特点

小李是一家音乐产品商店的销售员。这天，有一位穿着很时尚的女士走进店来。这位女士一进店门，就看到了摆放在一旁的钢琴，情不自禁地走了过去，久久注视着这台钢琴。

小李连忙走过去，说："您好，请问您很喜欢这台钢琴是吗?"

女士回答说："是啊，看到这台钢琴我就想起了我上大学时用的那一台，它们真的很像，所以我觉得特别亲切……"

小李说："那看来您是和这台钢琴有缘啊，既然您这么喜欢它，要不要买下来呢?"

女士说："不用了，我这次是想给我的女儿买一台电子琴。只不过突然看到这台钢琴，引起了我的回忆，那时候的时光真的是很令人怀念啊!"

小李听了这位女士的话，才知道原来她不是要买钢琴，而是准备给女儿买电子琴。看这位女士对钢琴能有这么深厚的感情，一定是一个懂音乐的人，所以介绍产品时要多从实用性上来说。

既然这位女士是来买电子琴的，小李马上转换了话题："时间过得真是快啊，在学校的日子总是那么美好，相信您如果给女儿买一台好的电子琴，您的女儿在音乐方面的才艺肯定会非常棒!"

女士说："是啊，我就想让女儿也喜欢上音乐。"

小李说："您看这里，这是我们店的电子琴，有很多款，您应该对音乐器具很熟悉吧，您看看对哪一款比较满意呢？"

女士看了一会儿，指着一台电子琴说："我看这个就不错。"

小李说："您真是有眼光，这款电子琴是现在市场上卖得最火爆的，在我们店里也是销量冠军！它的质量特别好，您尽管放心！"

女士说："是吗？那我就买它吧！"

经典实例解读

小李虽然和这位女士聊得并不多，但却能够通过观察分析，找出她的需求特点，从而抓住最关键的点，使交易达成。小李表现得非常冷静和理智，他在对方表现出对钢琴的兴趣时，并没有一味去介绍钢琴的好，而是先问清楚这位女士是要买什么，然后才根据她的需要介绍。小李适时将话题转到电子琴上来，节省了精力，也满足了客户的需求。

拿单要点解析

不少销售人员总是把注意力集中在自己身上，想着如何才能将产品介绍好，如何才能用最有吸引力的陈述赢得客户对产品的喜爱。但是，他们全都忽略了一点，就是客户真正的需求是什么。如果不能找到客户真正的需求，销售人员说再多介绍的话都是没有用的，因为方向已经跑偏，就无法打动客户的内心。有能力的销售员一定是善于分析客户需求，了解他们心中想法的人。要发现客户的需求，销售人员要注意下面两点：

1. 观察客户要细致入微

虽然客户的需求对销售人员来说非常重要，但是有时候客户的需求并没有直接表露出来，而是隐藏得很深。因此，销售人员一定要用自己细致入微的观察能力，找到他们的真正需求。

比如，有的客户穿衣打扮很时尚，不像是没有钱的人，但他们就是挑来挑去，下不了购买的决心。之所以会有这样的情况，可能是客户觉得产品不够时尚，还无法满足他们的需求，因为这种客户一般是不在乎价格的，只在意产品的款式、品牌和时尚程度等。销售人员应该在这方面满足他们的需求，才能使交易达成。

有时候客户会在某件产品上投入很多的关注，但是他们却并不打算买这件产品。销售人员应该马上明白，客户一定是想要同类型的产品。从他们关注的产品上，就能够大致推测出他们的需求了。

2. 满足客户的需求

知道客户的需求只是第一步，接下来，销售人员还要用自己的产品去满足客户的需求，只有产品满足了客户的需求，才算是把销售工作做到位了。有的销售人员也能判断出客户需要的是什么，但却不能满足他们的需求，最终导致销售失败。销售人员一定要记住，只有了解客户的需求，并且满足客户的需求这两步都做到了，才能使销售成功。

拿单秘诀

销售人员对客户的观察应该从客户一进入视线的那刻就开始了，并且这种观察应该特别细致，细致到客户的每一句话、每一个动作都要特别留意。一定要明白，对客户了解越多，就越知道该怎么做，订单也就越容易拿下。通过细致入微的观察，了解客户的需求，并满足他们，交易就可以顺利达成。

从外表看客户的性格特征与购买模式

一位穿衣打扮比较时尚的女士走进了一家服装店。

销售人员小陈赶紧迎上来："您好，这位女士，请问有什么可以帮您的?"

女士说："我想买一件外套，你们这里有什么适合我穿的外套吗?"

小陈打量了这位女士一下，看她穿的虽然是挺时尚的，但是一点也没有自己的特色，基本上都是当前流行什么，穿的就是什么。小陈觉得这位女士可能只是那种盲目跟随潮流的人，没有自己的想法，只是在意表面的东西，所以很快就想好了销售方法。

小陈说："我看您的气质这么好，如果穿我们店刚到的这款新外套，一定非常合适。"

女士犹豫着说："新款吗？那是不是没有几个人穿啊?"

小陈忙说："您误会了，这件新款的外套销量特别好。那位著名的影星某某，出席活动时就穿的这件衣服，这可是同款，很多人都专门购买这件衣服呢!"

女士听了以后非常高兴，马上就下了购买的决心："那好吧，我就买这件衣服了。"

经典实例解读

小陈从这位女客户的外表判断出了她的性格特征和购买模式，知道她是那种追求潮流，却又没有太多自己观点的人，所以在推销产品时从产品的流行度上着手，抓住了客户的关注点，从而拿下了订单。由此可见，销售人员通过外表分析客户的性格特征和购买模式，在销售中能够起到十分重要的作用。

拿单要点解析

人们的心理会在他们的外表上体现出来，在心理学上就有这样的观点，一个人的外表就是他们内在的一种延伸。正因如此，销售人员如果有一双“火眼金睛”，是完全可以通过客户的外表来探知他们的内心世界，了解到他们的性格特征和购买模式的。不同的穿衣习惯，体现了客户不同的性格特点。衣服的颜色、质地、风格等，都能体现出穿衣者的喜好和态度。销售人员要通过外表来了解客户，可以从这些方面入手：

1. 服装的颜色

人们喜欢的颜色能反映出内心的很多东西。喜欢穿五颜六色的那种奇装异服的客户，一般都爱慕虚荣，喜欢张扬，想得到别人的关注；那些穿淡色的朴素衣服的人，沉稳内敛，有自己的见解，不喜欢随大流；穿深色衣服的人，注重实用性，做事冷静，有自己的想法。

2. 穿衣的风格

穿衣风格也能看出一个人的性格。如果客户的衣服都是时下最流行

的，也不注意搭配，这种客户一般没有自己的见解，只是盲目随大流；有的人穿衣服特别马虎，这种人可能做事的积极性很高，但却不细心，销售人员如果能把产品说得很好，一般可以说服他；穿衣打扮高品质的人，一般对物质享受的要求很高，不在乎钱，只追求产品的高档次。

3. 整体的搭配

从客户整体服装的搭配上，能够看出很多东西。有的客户虽然每件衣服都不是很吸引人，但是搭配到一起却有很抢眼的效果，说明他们有自己的见解，也懂得该如何搭配服装；有的客户整体的穿着都特别普通，和大众没有一点区别，这样的人一般推荐大众产品就可以了；有的客户穿衣搭配非常保守，这样的客户比较保守，推荐产品时要以质量为先。

拿单秘诀

外在的穿着是内在的一种表现，所以，从客户穿什么衣服就可以看出他们有怎样的性格特征与购买模式。销售人员一定要认真观察，通过客户的外表多了解一些东西。销售人员知道了客户的性格特点，就能使用相应的销售策略，在整个销售过程中都保持积极的销售状态。

让客户的头发成为你销售的指南

吴轩是一家商店的销售员，一天上午，一位发型特别时尚的年轻女孩到这里来买包。吴轩赶紧跟着她来到女包的摆放处。

吴轩说："您好，请问您是要买包吗?"

女孩点了点头："没错，我准备买一个包。我先自己看看吧，看中了哪一个我会告诉你的。"

吴轩知道，这个女孩的意思是希望自己不要在她挑选的时候打扰她，看来她有自己的主见，不希望被别人的想法左右。吴轩听她这么说，又看她的发型那么时尚，知道她是个做事有独特见解，雷厉风行，不喜欢别人在一旁说三道四的人。因此，吴轩赶紧退开一些，不再说话了。

过了一会儿，女孩拿着两个包来到吴轩面前。这两个包一个是粉红色的，一个是墨绿色的。

女孩说："我觉得这两个包都很不错，你看哪个更适合呢，帮我出出主意吧。"

吴轩说："如果要听我的意见，我觉得还是这个粉红色的包更适合您。这个颜色看起来很可爱，跟您的年龄正好搭配。并且这个粉红的包的设计特点很时尚，看起来还有一股艺术的气息，符合您的气质。那个墨绿色的包虽然也很不错，但是与这个粉色的包相比，就显得有点太中规中矩了，反而不好。”

女孩说：“我也是觉得粉色的更时尚一些，但是这个墨绿色的颜色我也挺喜欢的。”

吴轩说：“但是墨绿色的包风格太传统，在这点上，它就不如粉红色的那个了。”

女孩说：“你说得对，我就买这个粉红色的吧！”

经典实例解读

吴轩从客户时尚的发型上就可以看出她是一个追求时尚，又有自己独特见解的人，这对他能够成功销售有很大的帮助。吴轩充分尊重了客户自己挑选的想法，又在客户犹豫不决的时候，提出了符合客户心意的意见，所以使得交易很快就达成了。所以，销售人员从客户的头发也能够看出客户的心理，判断好了，就可以在销售时更有把握。

拿单要点解析

平时人们可能对发型并不十分关注，但实际上发型和人的心理是有微妙联系的。一般情况下，人们的购买行为和他们的心理有密不可分的关系，所以，如果销售人员能够把客户的头发当成是销售工作的指南，那么在销售时，就可以使工作进行得更为顺利。如果留心观察，从头发可以看出很多事情：

1. 从发型来看客户的心理

一般留短发的客户，他们做事雷厉风行，从不拖泥带水。这种客户对理财很在行，花钱不会大手大脚，他们讲究实用性，追求实惠。留长发的客户，他们注重外在的形象，有自己的个性，所以对购买的东西有很高的要求。发型整齐光亮的客户，同样对自己的形象特别在意，不过他们更倾向于完美主义，所以给他们推荐产品时，一定要选择他们比较欣赏的产品，如果是其他产品，说再多也无法令他们心动。发型特别时尚的客户，他们追求时尚和潮流，对新东西有一种天然的渴求，所以销售员首先要肯定他们这种追求新奇的心理，然后就能得到他们的认可。发型随便的客户，他们对外在的东西不是很在乎，所以销售人员只要给他们提出实用性的建议就可以了。

2. 从发质也可以判断

发质也能判断出一个人的心理。头发特别浓密且粗硬的客户，他们做人很豪爽，凡事不喜欢斤斤计较，所以买东西比较喜欢挑选大品牌的产品，这样就可以买得放心了。头发又黑又多的客户，他们往往特别聪明，做事有自己的安排，很重视产品的质量，所以销售人员应该对自己的产品很熟悉，通过专业的介绍赢得他们的信赖。头发少而且很细的客户，这种人往往心机比较重，会把很多小事都看在眼里，因此销售人员要把细节做好，并且有足够的耐心。头发天然卷的客户，这种人往往喜欢表现自己，会有独特的观点，有时候会坚持自己的看法，因此，销售人员如果能知道他们的想法，就容易搞定销售工作了。

拿单秘诀

正如衣服能够看出一个客户的性格和品位一样，头发这个身外之物同样也能看出客户的心理。头发其实就像是一个人的表情，而且这个表情不会轻易改变，如果销售人员能够读懂这个表情，就能很好地判定客户的心理了。销售人员可以从发型、发质等多方面来推测客户的心理，然后利用他们的心理，促成交易。

脸型也可以“出卖”客户的脾性

一个中年男士到服装店买衣服。

销售员：“您好，这位先生，请问您想买什么衣服呢？”

男士：“我打算买一件外套，你看我穿什么样的外套比较合适呢？”

销售员取下一件衣服：“我觉得这件就很适合您，您感觉怎么样？”

男士：“看起来好像挺不错的，只是穿起来不知道怎么样。”

销售员把衣服递过来：“您试一试就知道了。”

男士把衣服穿到身上：“穿着挺舒服的，但是它的质量怎么样呢？”

销售员：“您尽管放心，衣服的质量绝对没有问题。”

男士：“那不知道它可以穿多长时间呢？”

销售员正准备说“穿个七八年不成问题”，但看着这位客户方形的脸，又改变了主意。因为他知道，方形脸的客户一般通融性比较差，为了不和他发生思想上的冲突，说话还是小心一点，不要用夸张的说法，实际点比较好。

于是，销售员说：“七八年我无法保证，说多了那是吹牛，但是我敢保证，这件衣服您穿三年，绝对不会穿坏的。”

男士点点头："这话说得实在，我很喜欢。有的销售员为了卖出产品，说得天花乱坠言过其实。我也不指望一件衣服能穿那么久，穿三年已经很不错了，这件衣服我买了。"

经典实例解读

销售员从客户的脸型上判断出客户是什么样的脾性，然后用实实在在的话语成功将客户打动，这就容易达成交易。假如销售员没有对客户的脾性做出正确判断，还是像平时那样满嘴跑火车地介绍自己的产品，就有可能会引起客户的不满，导致无法完成交易。所以，销售人员应该能够从客户的脸上得到更多的信息，使销售工作更容易开展。

拿单要点解析

我们见到一个人的时候，首先看的就是他的脸。人的脸上能够显示出很多的信息，销售人员应该能够从客户的脸型看出他们的脾性，从而选择正确的销售策略。人的脸型并不只是受到先天基因的影响，后天的环境因素以及生活经历也会对一个人的脸型产生很大的影响，因此，脸型是对一个人生活的折射。所以，销售人员以脸型判断客户的脾性，这并非没有科学依据。不同的脸型一般有这几种情况：

1. 倒三角的脸

有的人的脸上部比较宽，下面就是细窄的，这就是倒三角的脸。一般这样脸型的人都比较浪漫，他们将梦想看得比较重要，有丰富的联想能力，虚荣心也比较强。面对这种客户的时候，销售人员应该用比较浪漫的话题来拉近双方的关系，然后用比较吸引人的产品来赢得他们的喜爱。

2. 方形脸

有的人的脸下部朝下方突出，额头比较宽阔，像是个正方形，这就是方形脸。这种人一般都精力旺盛，有比较强的意志力，做事也积极，但同时也非常执着。这样的人往往缺少通融性，为了坚持自己的观点，会和别人产生摩擦。因此，销售人员在遇到这种客户时，应该多想想他需要的是什么，尽量不要和他产生冲突。

3. 圆形脸

有的人的脸圆圆的，很可爱。这种人一般比较温和，他们属于现实主义者，但同时也是乐天派，和这种人相处比较容易，不过也要注意，他们有时候会在坚持自己观点时显得很任性。所以，销售人员不要随便打断他们的话，否则就有可能会出现僵局。

4. 长形脸

有的人的脸属于长形的，这样的人骨子里有股不服输的劲头，做事情的时候想得也很全面，属于领导型的人。他们对人温和有礼，很善于和别人交流沟通，不过他们有时候会在表达自己心意时出现不足。面对这样的客户，销售人员应该保持礼貌，进行引导，绝对不要强求。

5. 椭圆形脸

椭圆形脸的人情感比较细致，一般心理状态会很稳定。他们做事会很努力，同时自尊心也是很强的，有自己的观点，并且不会轻易受到外界的影响。不过他们比较缺乏耐心，做事没有常性。遇到这样的客户，销售人员要充分尊重他们的想法，并且努力使他们对这个想法

有更坚定的信念。

拿单秘诀

销售人员要了解客户的脾性，最直接的方式就是看脸。头发可以遮起来，衣服可以随时都有更换，但是脸却永远都是那张脸。因此，销售人员如果能从客户的脸型来判断客户的脾性，就比从别的方面判断更有把握了。

第四章

顾客的面部表情是销售成功的晴雨表

特别有智慧的人可以通过很小的细节知道很多事情，这就是从局部把握到整体的一种才能，而他们往往可以从人们的外在表现，了解到他们内心的想法。销售人员应该具备察言观色的本领，通过看客户的面部表情，了解他们的内心世界。明白了客户内心所想，取得销售成功就是轻而易举的事。

客户的笑之语大有含义

周瑞去一家公司推销产品："您好，我是某某公司的销售员周瑞，不知道您的公司需要购买保险吗?"

经理："对不起，我们目前没有买保险的打算。"

周瑞："如果是那样的话，不知道我是否可以对您做一次调查呢？我想知道您平时都用什么样的理财方式。"

经理的脸上什么表情也没有，似乎对周瑞的话没有丝毫的兴趣，但是他停了一会儿，还是说："一般来说，我都将钱投资……"

周瑞忽然打断经理的话："我知道您的理财方式是什么了，但是像您这样的企业经理，最正确的理财方式应该是购买保险才对，保险不仅能让您没有后顾之忧，同时也相当于是给您的家人装了一道平安符。我们公司在保险行业干了很多年了，在各方面都做得特别出色，远超其他公司。哦，真是不好意思，我忽然想起来还有事情要做，我必须先失陪了，等有时间的时候我再来拜访您。"

周瑞说完，急急忙忙离开了。

经理见周瑞说得正起劲，却突然中止了谈话，匆匆离开，觉得很奇怪，并且还有一种意犹未尽的感觉。

过了几天，周瑞第二次拜访这位经理。

周瑞："您好，我是周瑞，我们又见面了，上次实在是抱歉。"

经理笑了起来："真是个冒冒失失的年轻人，你今天应该有时间跟我把事情说清楚了吧？"说着，经理忍不住大笑起来。

周瑞见经理一直在笑，知道自己已经被接受了，便说："这次不会再走了，为了对上次的事情表示歉意，我想请您吃顿饭，不知道可不可以。"

经理笑着说："好啊，那我就给你一个机会赔礼道歉吧。"

于是，周瑞和经理有了吃饭的机会，然后在双方愉快的交谈当中便达成了交易。

经典实例解读

在第一次和客户交流的时候，客户脸上没有一点笑意，于是周瑞判断出对方是对自己不满意或者心情很不好。明白了这一点之后，周瑞没有强行推销自己的产品，而是采用先"撤退"的方式，这样就避免了失败。然后周瑞第二次找到客户，因为第一次并没有闹僵，所以第二次有个好的开场，周瑞从客户的笑容中读到了友好的信息，借机请客户吃饭，从而在欢笑中搞定了这次交易。

拿单要点解析

笑容不仅仅是一个简单的表情而已，它可以传递的信息有很多，客户的很多心理变化都可以从他的笑上看出端倪。正因如此，销售人员在和客户交流的时候，不但要自己面带笑容，更要读懂客户的笑容中所蕴含的信息。能从笑容中把握客户的心理，销售成功的概率就又高了几分。常见的笑容主要有以下这几种类型：

1. 含笑

当客户的脸上有笑意，但却没有明显显露出来，既没有出声也没有露出牙齿的时候，就是微微含笑。这是笑容当中最轻微的一种，通常是属于礼貌的回应，又或者是客户自身的涵养特别高，无论何时，脸上都挂着淡淡的笑容。如果客户有这样的表现，说明他们对销售的内容兴趣还不是很大，销售人员一定要有耐心，想办法赢得客户的好感，绝对不要操之过急。

2. 微笑

当客户脸上的笑意能够明显看出来，嘴唇已经微微扬起，却还没有露出牙齿的时候，就是微笑。这种笑容一般都代表着友好的态度，或者是表示会意，所以往往它会伴随着点头而出现。如果在销售过程中，客户露出了微笑，表明他的心情不错，或者他本身就是比较容易接近的人。因此，销售人员应该抓住机会，努力使交易达成。

3. 浅笑

比微笑的程度更大一点，就是浅笑。浅笑的时候，人们的嘴会张开一些，露出部分牙齿，还会发出笑声。一般只有人们遇到开心的事情，或者是面对熟人时才会有这样的笑容。假如客户脸上出现了浅笑，说明他对产品很感兴趣，或者是和你交谈特别愉快。只要销售人员能够再进一步努力，交易就可以达成了。

4. 大笑

大笑是笑容中程度最大的一种，不同的人在大笑时会有不同的表现，但通常嘴巴都是会张开很大的程度，牙齿也都会露出来，并发出明显的笑声。客户大笑，说明他的心情非常愉快，和你的交谈特别尽兴。如果销售人员能够及时跟进，一般都可以拿下订单。

5. 不正常的笑

客户有时候可能会露出无奈的苦笑、不屑一顾的嘲笑、虚情假意的假笑等笑容。这些笑容和平时的笑容都不同，属于不正常的笑。客户如果有了这样的笑容，说明他对现在交谈的内容完全没有兴趣，或者是一点都不认同。这时候，销售人员应该马上找出自己的问题所在，及时消除客户的心理障碍，或者是赶紧转移话题，不再继续纠缠。

拿单秘诀

笑容能够传达人们的很多情感，它虽然不是语言，但所表达的东西却比语言更真实。销售人员在推销产品时，不但要注意客户的语言，也要注意他们的笑容变化。通过客户的笑容，了解到他们内心细微的变化，就可以审时度势，灵活应对，最终拿下订单，达成交易。

客户的心理变化在眉宇之间有直观的体现

秦先生准备买一套房子，但是找了很久都没有找到合适的，不是觉得地理位置不好，就是房屋的格局不能令人满意，为此，秦先生心里很烦闷。这天，他又来到一个售楼处。

售楼员："这位先生您好，请问您是要买房吗?"

秦先生："是的，我看看有没有合适的房子。"

售楼员见秦先生一副忧心忡忡的样子，眉头几乎要拧到一起了，认为他在购房的过程中遇到了麻烦，于是就先用话语安慰他："先生，买房最重要的是自己喜欢，住着舒服，这毕竟是件大事，马虎不得，所以啊，您不要着急，应该慢慢找。不如这样，您想要什么类型的房子，对它的地理位置、交通状况有什么样的要求，这些都告诉我，我帮您推荐一套。"

售楼员的这番话说到秦先生心里去了，他的眉头舒展开一些，说："你说得太对了，我想要这样的房子……"

……

经过一番交谈，售楼员了解了秦先生的想法，给他推荐了一套符合他条件的房子。秦先生听了售楼员的介绍之后，眉毛微微上扬。

售楼员知道，眉毛上扬就表示秦先生已经心动了，于是加紧推销，很快就说动了秦先生，将这套房子卖给了他。

经典实例解读

售楼员通过眼眉上的表情，了解到秦先生正处于心情烦闷的状态，所以先用言语宽慰，这取得了很好的效果。然后他又通过秦先生上扬的眉毛，知道了秦先生已经动心，就赶紧抓住机会，从而成功完成了推销。因此，销售人员如果能读懂客户眉宇间所表达的心理变化，即便他们不说话，也没有任何其他表情，销售人员都可以洞察他们的心意，从而使销售工作更加顺利。

拿单要点解析

语言之外的东西在表现人心理变化的时候往往更准确，而眉宇之间的表情就是其中的一种。如果不去研究，可能会觉得眉宇间的表情很少，但事实却并非如此，“扬眉吐气”“眉目含情”“眉开眼笑”“愁眉苦脸”这些关于眼眉的成语，都表明眼眉可以有很多的表情。读懂客户眉梢所展现的内心世界，销售人员就能在销售过程中更有把握。常见的眉宇表情主要有以下这几种：

1. 耸眉

眼眉扬起来，过一会儿又降下去，这就是耸眉。一般情况下，伴随着耸眉，客户还会做出撇嘴的表情。出现这种情况，说明客户比较厌烦，或者是很无奈。这可能是因为客户对这次消费并不十分需要，也可能是客户之前有过不好的消费体验，于是在心里有所抗拒。遇到客户耸眉时，销售人员不能心急，首先要理解客户的想法，然后再在这个基础上去努力说服他。

2. 扬眉

两条眉毛向上扬起，微微外张，眉宇之间的皮肤伸展，额头上的皮肤向上，出现长条的皱纹，这就是扬眉。扬眉是心情愉悦的一种表现，所以当看到客户有扬眉的表情时，销售人员就应该知道，这是客户动心的表现。这时候如果能够抓住机会，很容易使交易达成。

3. 皱眉

双眉皱起，眉间的皮肤拧成一团，就是皱眉。皱眉比较常见，当客户皱起眉头时，表示他们心里很烦或者是对你的产品很不满意。这时候，销售人员不要一味自己说自己的，还在旁边介绍产品。应该暂时停下来，说点轻松的事情，等客户心情好转之后再作打算。否则的话，客户只能是越来越不耐烦，想达成交易几乎不可能。

4. 闪眉

眉毛飞快扬起，然后又迅速降下，像是闪电一样乍现，这就是闪眉。闪眉其实是客户眼前一亮的结果，表示他们内心感到非常惊喜。销售人员如果抓住客户的这种心理，把惊喜进一步转换成喜爱，交易就达成了。

拿单秘诀

观察眉宇之间的变化，从而读出客户的心理，是销售人员必备的技能之一。有了这项技能以后，即便客户一言不发，脸上也没有太多表情，只要他们的眼眉是动的，销售人员就能够得到不少信息了。完全不知道客户是怎么想的，那将是最危险的销售状态，而通过眉宇间表现出来的心理就可以打破这种僵局，使销售工作得以进一步展开。

眼睛就是顾客内心的窗户

孙兰是一个化妆品公司的销售员，经常带着公司的产品上门推销，这一天，她来到一个小区，准备开始推销工作。

孙兰很快就敲开了一家住户的门，开门的是位打扮很时尚的女士，不过样子看起来有些高冷。这位女士目光中带着怀疑的神色，问孙兰："你是谁，来做什么？"

孙兰从她的眼神中就看出她对自己充满了戒心，只有先将她的戒心消除掉，这单生意才有可能做成。于是，孙兰自我介绍起来："我是某某化妆品公司的推销员孙兰，来向您推荐几款化妆品。我们公司的化妆品效果非常好，保准您用过之后更加美丽动人。如果您不相信的话，我可以当场给您示范一下。"

说着，孙兰拿出一支口红，说："您看，这是一支口红，我现在没有用化妆品，嘴唇是这个样子的。"她让这位女士看了一下自己的状态，然后涂上口红，再让这位女士看。

这支口红的颜色很淡，涂抹在嘴唇上以后，清新淡雅，让孙兰的嘴唇看起来似乎带着薄薄的一层水那样滋润。

女士见孙兰的化妆品效果确实不错，眼中的怀疑神色逐渐变得柔和起来，目光中透露出友好的态度。

女士道："不知道你们的产品质量怎么样呢？会不会对皮肤有

伤害?”

孙兰保证道：“这一点您尽管放心，我们的化妆品可不是那些不知名的小产品，质量绝对有保障，对皮肤也不会有害处。某某明星就是我们产品的代言人。”

女士眼神中透出满意的神色：“那好吧，我看看都有什么需要的，买几种用用。”

经典实例解读

孙兰之所以能够顺利将产品卖给这位看起来高冷的女士，就是因为她通过这位女士的眼神了解到了这位女士内心的想法，从而采取了相应的对策。因为女士的眼神中表露出怀疑，所以孙兰就用实际的效果来证明自己的产品是好产品，从而消除她的疑虑。假如孙兰不是想办法消除这位女士的疑虑，而是开始介绍自己的各种产品，女士有可能根本听不下去，让她离开了。由此可见，销售人员在销售过程中读懂客户的眼神十分重要。

拿单要点解析

人们都说眼睛是心灵的窗户，而客户的眼睛中所反映出来的就是他们内心的情感变化。销售人员应该在和客户交谈时，特别注意客户的眼神变化，从而读懂客户的心理变化，了解他们心中所想。如果销售人员可以把握住客户的每一个眼神所代表的含义，就能时刻掌握销售的进程，从而用最有效的办法来达到销售目的。当客户的眼神中透露出信息

时，销售人员要学会应对，具体有以下几种情况：

1. 客户露出戒备的眼神

客户露出戒备的眼神，说明他们对销售人员不信任，或者是以前有过购买此类产品的不愉快经历。这时候，销售人员应该拿出有力的证明，让客户相信自己。比如可以向客户展示相关方面的权威证书，让客户看一看都有哪些人使用了产品，将产品的实际使用效果展示给客户看等。一定要记住，只有消除了客户的戒心，销售工作才可以开展下去。

2. 客户眼神中露出惊奇的神色

客户眼神中露出惊奇的神色，可能会伴随有嘴巴张大或者捂嘴的吃惊表情，这说明你的产品让他们感到很新奇，有眼前一亮的感觉。此时，销售人员应该趁热打铁，趁着客户的好奇心，充分讲解自己产品的好处，一举拿下订单。

3. 客户眼神中表现出毫不在意的神色

客户的眼神中露出毫不在意的神色，说明他对你的产品完全没有感觉，可能你说的话他全都听不进去。这时候，你应该想办法让他重视起你的产品，比如告诉他你的产品在同类产品中有多么出色，让他知道你的产品是绝对有分量的。如果无法改变他的观念，销售人员就不要自讨没趣了，因为他听不进你的话，所以你应该果断放弃他，去寻找下一个客户。

4. 客户露出感兴趣的眼神

当客户的眼神中透露出感兴趣的神色时，说明他对你的产品很欣赏。销售人员要抓住这个机会，逐渐将客户的想法引导到购买产品上来，这样就可以轻松让客户签下订单了。

拿单秘诀

人的情绪会在眼神中有很明确的表现，通常都是话还没有出口，眼神就已经透露出了一切。所以，销售人员在和客户交流的时候，一定要时刻留意他们的眼神变化，通过眼神来了解他们心中的想法。用客户的眼神来帮助自己推断客户的心理，就可以更早地想出应对方法，提高销售的成功率。

客户鼻子上的信息

陈先生打算给自己的新家买一个橱柜，在几家店里看过之后都没有找到满意的，这一天，他来到了一个装修很漂亮的店铺里。

销售员小魏迎了上来："您好，这位先生，请问有什么可以帮您的?"

陈先生说："我想要买一个橱柜，要质量好的。"他说着，走到旁边摆放的一个橱柜旁，将抽屉拉开，低下头细细观察。

小魏介绍说："我们店里的橱柜质量都非常好，您现在看的这款是新品，它的抽屉结构特殊，非常坚固。"

小魏一面说，一面将抽屉拉出来，然后把抽屉放到地上，并站到了抽屉上："您看，我站在抽屉上，它也不会变形，更不会损坏。"

陈先生点点头："看起来确实挺不错的，就是不知道这个台面怎么样。"

这款橱柜的台面是玻璃制成的，看起来很漂亮，但不了解的人一般都会怀疑它不能承受住太大的压力。

小魏解释说："虽然看起来这个台面好像不结实，但实际上它并不是普通的玻璃，是特别坚固的钢化玻璃。它非常坚硬，比得上钢铁，所以您完全不必担心。这其实也是这款新品的独特之处。"

听了小魏的话，陈先生还是不放心，怀疑道：“真的有这么结实吗？我看这玻璃挺薄的，能不能经受住压力啊?”

小魏见陈先生总是在这个问题上纠结，觉得有些心烦，本来打算直接告诉他，那是不可能的，是他多虑了。但他看到这个陈先生的鼻子微微耸起，所以判断出他是一个性格倔强的人，做事也容易盛气凌人，如果用这种硬性的语言去解释，双方很有可能会争执起来。想到这里，小魏把到嘴边的话又咽了回去。

小魏没有再多说，而是到里面的房间去了，回来的时候手里拿着一个橡胶锤。他拿着锤子在玻璃上敲了几下，说：“这玻璃真的很坚固，如果不信的话，您可以自己敲一敲。”

陈先生接过锤子，轻轻敲了敲。

小魏笑着说：“您不用担心，用力敲几下，就知道它能不能承受大压力了。”

陈先生用力敲了几下，发现真的一点事儿都没有，这才相信了小魏的话，然后买下了这款橱柜。

经典实例解读

在销售的过程中，面对客户的怀疑，小魏没有过多解释，而是用事实证明客户的怀疑是多虑的。通过这种方式，小魏成功解除了客户心中的疑虑，使交易顺利达成。小魏之所以能够做出正确的决定，让客户亲自检验产品，而没有针锋相对，直接向客户解释，是因为他通过客户的鼻子读出了他性格上的信息。

拿单要点解析

鼻子是位于脸部正中的一个器官，它上面所体现的信息对销售人员来说也是非常重要的。通过客户的鼻子，销售人员能够看出很多和性格有关的信息，从而对销售工作有所帮助。有时候，当客户有某种情绪时，在鼻子上会有生动的体现，所以，了解鼻子上传达的信息，对销售人员来说很重要。具体来说，鼻子上的信息包括鼻子的形状和有关鼻子的动作：

1. 鼻子的形状透露出信息

相由心生，而鼻子属于五官当中的一种，所以它的形状也是和性格有很大关系的。通过客户鼻子的形状，就可以判断他是一个什么样的人。鼻子偏小脸却偏大的人，一般自主性比较差，可能经历的失败会比较多，所以销售人员在和他们交流时应该注意给他们足够的尊重；鼻孔大的人，通常容易感情用事，比较任性，也善变，所以销售人员应该努力引起他们的兴趣，而一旦发现他们对某件产品有兴趣，就要赶紧促成交易；鼻子高耸的人，通常都比较有钱，花钱也很大方，面对这样的客户，销售人员只要能够让他们喜欢上产品，价格都不是问题；鼻子大的人，一般做事都很努力，这种人比较在意产品的质量以及品位，所以销售人员要用这两个方面的特色来吸引他们。

2. 鼻子上的动作透露心理活动

人们有时候心理上出现变化就会在鼻子上有所体现，做出各种动作。如果客户闭上眼睛，不断地捏自己的鼻梁，说明他的心里比较矛盾，正在整理自己的思路，准备做决策。这时候，销售人员不要打扰到客户，否则他们会非常不满。客户如果耸鼻子，就表示他比较自信，甚至有些傲慢。面对这种情况，销售人员不要和他硬碰硬，要用迂回的方式，以柔克刚。客户如果摸鼻子，一般有两种情况，一种是在思考，一种是在说谎。假如客户是在说话时遇到比较难表述的事情，停下来摸摸鼻子，顺便补充几句，这就是在思考。但是若客户本来说得挺流畅，忽然摸着鼻子说话，他就有可能是在说谎。销售人员发现客户说谎之后，不要直接揭破，应该委婉地让他知道自己已经识破了他的谎言，然后再想办法使交易达成。

拿单秘诀

虽然鼻子不能做太大的动作，从它上面出现的表情也很细微，但它也是可以反映出人们的性格特征和心理变化的。销售人员应该关注一切能够得到客户信息的细节，抓住鼻子上所表达的信息，就可以给销售工作的成功带来更多的保障。

客户的真实心理可以从头部动作窥探

一个年轻的女孩到服装店买衣服，销售人员连忙迎了过来。

女孩在店里转了一圈，目光落在一条白色的连衣裙上，她盯着连衣裙，问“这件衣服多少钱?”

销售员说：“您的真有眼光，这是我们刚上的新款，价格是398元。”

女孩“哦”了一声，没有再说话。

销售员想做成这单生意，就问：“您是不是觉得有点贵呢，那么您看多少钱您能买？咱们商量一下价格吧。”

女孩把头低下，然后小声说：“你看230元怎么样?”

销售员愣住了，这个女孩也太能压价了吧！他上前拉起连衣裙的裙摆，在手里摩挲着：“您看这衣服的布料多好，它的款式也是最新的，这点钱也太少了吧，无论如何要再加一点。”

女孩还是低着头说：“如果230元的话，我就买一件，如果还是那么贵的话，就算了吧。”

销售员见这个女孩一直低着头，心想她是不是害羞呢？正想着，女孩转过身去，似乎要走。

销售员很想做成这单生意，于是赶紧喊住她：“等一下，230元就230元吧，这是今天卖出的第一件衣服，图个吉利，就卖给你了。”

经典实例解读

在此案例中，销售员虽然是成功将商品卖出去了，却没有卖到自己想要的价格，出现这种情况，是因为他没有从顾客头部的动作判断出顾客的心理。那个女孩之所以一直低着头，就是不想让销售员看到她表情的变化，这样销售员就无法揣测她的心理，她就可以在讨价还价时占据上风。遇到这种情况，销售员应该想办法让客户抬起头来，只要能让客户抬起头，就可以判断出客户的心理，从而想出应对的方法，至少也能把价格抬高一点。

拿单要点解析

人的头部所担任的工作非常重要，它是所有器官的指挥枢纽，而它所表达出来的信息也是最多的。在销售的时候，销售人员一定要懂得从客户的头部动作上获取信息，从而抓住客户内心的变化，了解他们的想法，这样才能促进交易达成。通常头部的动作和含义有以下几种：

1. 低头

如果客户在销售的时候低着头，通常有两种情况：一种是他们在思考问题，另一种就是他们在利用低头来躲避销售员的目光。客户如果是在低头思考，一般这种情况会在决定是不是要购买时发生，而为了躲避销售员的目光，不让销售员发现他的表情变化，则多发生在讨价还价的时候，并且客户出的价格往往很离谱，销售员难以接受。如果是第一种，销售员不要打扰客户，应该让他们先自己考虑一下；如果是第二种，销售员就应该坚守自己的价格，并说出你产品的好处，让客户不得不抬起头来和你说话。

2. 点头

点头就是同意的意思，客户如果在销售的过程中经常点头，一般表示他对你的产品很满意。不过也有例外的情况，如果客户的点头速度过快，就表示客户对你们的谈话没有兴趣或者是感到很不耐烦；如果客户的点头和你所说的内容完全无关，不该点头的时候也点头，说明他没有认真听你说话，只是机械地重复点头的动作。

3. 头朝一边倾斜

如果客户在销售过程中把头倾斜向一边，说明他对谈话的内容比较满意，或者是顺从。因此，销售人员应该抓住机会，让客户对你产生更多的信任感，促使交易快速达成。

4. 头向后仰

经过长时间的交谈，客户可能会出现头向后仰的动作，说不定还会顺势伸个懒腰。出现这种动作，说明客户已经不耐烦了，销售人员应该尽快结束交谈，把订单敲定。但是，如果有重要的事情还没有谈妥，就不能因为客户的不耐烦而草草收场，可以等到下次再谈。

拿单秘诀

头部的动作也是能够反映出一个人心理状态的变化的，销售人员只要注意观察，就可以发现平时那些不经意的头部动作所代表的含义。一个有经验的销售人员，可以从客户的头部动作中读出很多信息，从而选择正确的销售策略，拿下订单。

客户心理就在嘴部表情上

一位男顾客来到卖健身器材的店铺，销售员小林连忙走上前去。

小林："您好，您是要买健身器材吗？"

顾客："没错，我的身体不是很好，所以想买些健身器材来锻炼身体。"

小林："那您来我们店就对了，我推荐您用这个按摩椅，对人的身体特别有好处。您看它的造型很时尚吧，是我们刚进的新款，它的功能非常多，有健身、颈肩、腰背、减压、舒适等各种按摩的方式，而且更神奇的是它还能达到'五音通五脏'的功效。"

小林说到这里，见顾客的嘴撇了撇，马上就意识到，顾客对自己所说的话并不相信，也不信任自己的产品。果然，顾客撇了撇嘴之后，转身准备离开。

小林知道，如果不能消除客户的怀疑，让他对自己和产品产生信任感，这单生意就不可能做成了。于是，他赶紧说："先生，您先等一等，如果您不相信我说的话，您可以躺上去试一试，相信您一定会感觉非常舒服的。您亲自体验过以后，就知道我说的都是实话了。"

顾客听了小林的话，又转回身来，体验了一把，觉得这款产品确实不错，于是便改变了主意，买了一个按摩椅。

经典实例解读

客户嘴上的动作和表情能够体现出他的心理变化，在上述案例当中，小林正是通过顾客嘴上的表情来判断顾客的心理，从而明白他心中想的是什么，然后积极应对，才促使交易达成。由此看来，一个优秀的销售员，必须要懂得从客户的嘴部表情上读出他们内心的想法。

拿单要点解析

虽然一般情况下是要嘴发出声音，讲出话来，才可以知道一个人的想法，但是，对销售人员来说，根本不需要对方讲话，只要嘴上的一个动作，就已经可以判断出很多东西了。人的嘴除了说话之外，还可以表露很多内心的感受，销售人员一定要学会从客户的嘴部表情上读出他们的想法，这样才能使销售工作更加顺利。嘴上的表情一般有以下几种：

1. 嘴角上扬

嘴角上扬通常是表示内心高兴，不过有时候也可能仅仅只是礼貌的表现。但一般有这种表情的客户，内心是充满阳光的，也比较容易交往，对待别人会很热情。因此，面对这样的客户，销售人员应该保持快乐的心态。如果能和他们愉快地交流，很快就可以拿下订单了。

2. 抿嘴

如果客户抿嘴，证明他是一个挺厉害的角色，这是他内心强大的一种表现。抿嘴的动作一般会在交谈进入到关键时刻时出现，此时，客户和销售员都面临着不小的压力。这时候，销售人员要调整好自己的心态，冷静地思考，积极应对，如果妥协，很有可能会使局面变得对自己极为不利。

3. 咬嘴唇

如果在销售的过程中，客户做出了咬嘴唇的动作，一般有两种含义：一种是客户已经接受了你说的话，正在想是不是应该购买；另一种是客户在理顺自己的想法，准备说出他的感受。不过，无论是哪一种状况，客户都是处在思考的状态，所以销售人员要做的就是先听听客户的想法，然后再有针对性地做出回应。

4. 撇嘴

撇嘴这种表情很常见，通常当客户的嘴上出现这种表情时，说明他们心里有所不满，或者是对产品不满意，或者是对价格有意见，或者是对销售人员的讲述风格不满，总之就是不满意。这时候，销售人员应该保持良好的心态，不要对客户的这个表情产生不满，找到问题的所在，让客户由不满变成满意。

拿单秘诀

嘴上的表情可以表现出客户的心理变化，这对做好销售工作是非常有帮助的。所以，销售人员一定要学会从客户的嘴部表情上读出客户心理的变化，只要能弄明白客户心里想的是什么，就可以抓住销售成功的关键。

第五章

以行定心，客户的一举一动都是关键信号

销售人员要想了解客户心中的想法，除了要看客户脸上的表情之外，还要特别注意客户的动作。行动是一个人心理活动的外在体现，在一定程度上来说，行动比人的表情更能真实反映人们内心的想法。所以，销售人员如果能通过客户的动作了解到客户心中的想法，离销售成功就不远了。

从走步站姿了解客户性格

郑小姐是商店的销售员，因为她总是可以和客户很好地相处，所以销售业绩一直都非常出色。

一天，一位先生来到店里。

郑小姐："您好，请问有什么可以帮您的？"客户刚刚走进店门，郑小姐就微笑着迎了上去。

客户："你好，我有些事情想要跟你的经理谈一下，不知道他的办公室在什么地方？"

郑小姐见这个客户站着的时候将双手放在臀部，就知道他一定是一个做事主观性非常强的人，性格应该属于倔强的那种，甚至可能有些顽固，所以应对的时候必须要有耐心才行。

郑小姐想到这里，说："真是抱歉，我们经理有事出去了，不知道您找他有什么事情呢，如果方便的话，可不可以告诉我？"

客户："我想在你们店里开一个专区，卖我的产品，不知道你们经理什么时候可以回来呢？"

郑小姐笑着回答说："既然这样，我给经理打个电话，说明一下这个情况。"

说着，郑小姐拨通了经理的电话，经过通话之后，郑小姐对客户说："我们经理说他马上赶过来，不过您还需要等一段时间，不如这样，我们先讨论一下如果要开专区的话，需要解决哪些合作细节上的问题，您看怎么样？”

客户看郑小姐一脸真诚，同意了她的想法：“好的。”

郑小姐领着客户看她们店里的布局，她发现这个客户走路时步子很大，可以说是龙行虎步，所以更加肯定他的自我意识很强，所以和他交流，除了耐心，言语还得有说服力。于是，郑小姐定下了交谈时的策略，微笑着和客户谈起了相关细节。

大约过了半个小时，经理回来了。经理满脸歉意：“真是不好意思，让您等了这么长时间。”

客户：“没关系，我和这位小姐谈得很愉快，她很有耐心，而且说的话也都说到了点子上，所以我已经决心要跟你们合作了，您一定不要推辞啊！”

经典实例解读

郑小姐通过客户站姿以及走路的姿态，看出了客户的性格，然后采取了正确的应对策略，才让客户在与她交谈之后非常满意，下定决心要合作。郑小姐之所以能把销售工作做得非常好，就是因为她善于观察，能够从客户的站姿和步伐这些原本微不足道的小事上看出很多玄机，使得销售工作更有针对性。

拿单要点解析

站姿和走路的姿势跟人的性格有很密切的联系，如果能够留意人们的这些动作细节，就可以判断出他有什么样的性格特点。所以，销售人员应该懂得利用客户的这些姿势来对他们的性格进行推测，这样就能够在做销售工作时有的放矢，把销售工作做得更好。站立和走路的不同姿势分别代表了不同的性格：

1. 站立时的姿势所代表的性格

客户站立时将一只手放到裤兜里，另一只手放在身边，这样的客户通常情绪不稳，容易受到外界的影响。所以，销售人员应该用自己的积极心态去感染他，或者是选择他心情好的时候进行销售工作。客户站立时将双手插入裤兜里，这样的人一般比较内向，警觉性很高。销售人员应该在讲述的时候多留意他们的反应，不要只顾着说自己的，忽略了他们的感受。双手放在臀部站立的人，一般都有很强的自我意识，性格也比较倔强。销售人员要有足够的耐心，才可以打动他们。站立时双手环抱在胸前的客户，一般有很强的自我保护意识，不过他们也特别坚强。面对这种客户，在接近他们时要小心一点，否则他们一旦对你产生敌意，销售工作就无法展开了。双手叉腰站立的人，一般都比较自信。面对这样的客户，销售人员应该给他们选择的空间，让他们觉得所有的事情都是由他们自己来决定的。

2. 走路的姿势所代表的性格

如果客户走路的时候抬头挺胸，有点龙行虎步的意思，这种客户主观意识特别强，他们做事时特别有自信，而且反应速度也比一般人快，除此之外，协调能力和组织能力也不错。不过他们有时候太自信了，会忽视别人的存在。面对这样的客户，销售人员应该用有内涵的话，确实有料的内容来打动他们。如果客户走路时总是急匆匆的，这种客户属于做事雷厉风行的人，从来不会拖拉。不过，与此同时，问题也就出现了，他们往往会因为做事鲁莽而出现差错。销售人员在和这样的客户交流时，应该多为他们着想，如果发现了哪里有错误，要及时提醒他们。如果客户走路时横冲直撞，这样的人就比较自我，很少会考虑别人的感受。不过，这种客户为人比较爽直，待人也很真诚。遇到这样的人，销售人员要用真诚打动他们，赢得他们的信任也就可以拿下订单了。

拿单秘诀

从客户的站立以及走路的姿势可以看出他们的性格特点，一个有经验的销售人员，应该从客户的一举一动中挖掘信息，为自己的成功销售做好铺垫。知道不同的站立姿势以及走路姿势所代表的不同性格含义，销售人员就可以有所准备，想好应对的策略，不会因为猜错了客户的性格和心理而出错。

客户的坐姿蕴藏着很多秘密

陈楠是某饼干的销售员，这天，他到一个超市去推销产品。在和超市的负责人交谈时，陈楠发现对方身子挺得笔直，两条腿紧紧并在一起，手好像没有地方放似的，总是在那里动来动去。陈楠通过负责人的坐姿看出他是一个很内向的人，因为这是第一次见面，所以这个负责人有点紧张。

明白了这一点之后，陈楠决定先改变这种状况，让双方的关系更加融洽，然后再谈销售的事情。于是陈楠说："不知道您有什么爱好呢?"

负责人说："我比较喜欢篮球，没事的时候会和球友们一起打篮球，NBA 的比赛我也经常看，我特别喜欢科比这个球员。"

陈楠说："真是缘分啊，我其实也非常喜欢篮球。我特别喜欢姚明，虽然他现在已经退役了，但是我还是像以前那么喜欢他。我也经常看 NBA 的比赛，有时候还会熬夜看呢。"

负责人露出惊喜的神色："原来你也喜欢篮球啊，那么有时间不如我们一起去打篮球吧，我介绍我的球友们给你认识……"

通过交谈，负责人和陈楠逐渐熟络起来，没有之前那么拘谨了，坐姿也逐渐恢复自然。

陈楠见负责人已经放松了，身子靠到了椅背上，手也不再没地方放，而是一边比划一边给自己讲述他的经历。陈楠知道双方的关系更近了，可以开始说正事了。

于是，接下来陈楠就把话题转到了销售产品的事上，双方果然谈得很顺利，正式确定了合作关系。

经典实例解读

由于陈楠善于观察，所以十分敏锐地从客户的坐姿中推断出他的性格特点，知道客户是一个性格内向的人。陈楠马上根据实际情况，断定如果继续这样拘束下去，销售工作很难顺利进行，所以他选择了先寻找共同话题，打破客户心中的壁垒，然后再进行销售工作的策略。正因为陈楠从坐姿了解到客户的性格，选择了正确的策略，才能够使销售工作顺利完成。

拿单要点解析

一般来说，人们的坐姿是可以体现出他的性格特点和修养等很多内容的。曾经有心理学家研究过，人们的坐姿确实可以将他的心理变化反映出来。销售人员如果能在做销售的时候留心客户的坐姿，通过坐姿掌握他们的性格和内心变化，就可以对自己的策略做出调整，让销售工作更顺利地进行下去。不同的坐姿表现出了不同的性格特点：

1. 双脚并拢

当客户双脚并拢并且将脚藏到椅子下面的时候，说明客户对销售人员有很强的戒备心理。这时候，虽然客户表面上很客气，但是内心里是将销售人员拒在千里之外的。遇到这种情况，销售人员应该先把气氛搞活跃，用一些对方感兴趣的话题来拉近双方的距离，只有先和客户搞好关系，才能顺利完成销售任务。

2. 正襟危坐

如果客户的腰挺得笔直，在椅子上正襟危坐，那就说明客户很紧张，并且也特别在意别人对自己的看法，做事缺乏灵活变通。在和这种客户打交道时，销售人员应该表现出自己的真诚，通过闲聊让客户对自己熟络起来，消除他们的紧张情绪，然后就可以使销售工作更加容易展开了。

3. 手脚胡乱放置

如果客户随便放置腿脚，手也是随意放在椅子的扶手上，整体表现出一种毫不在乎的样子。出现这种情况，说明客户对销售员所讲的事情并不在意。遇到这样的客户，销售人员应该想办法先把他的坐姿调整过来，因为姿势也同样会影响到他的情绪。比如销售人员可以说一些重要的话引起他们的注意，或者拿出什么东西让他看，引导他调整好坐姿。将他的坐姿调整好之后，再通过有吸引力的内容来调动他的积极性。

4. 双腿叉开，动作随意

如果在销售的过程中，客户的动作十分随意，双腿叉开，双手有可能还抱在头后面。一般这种客户性格比较随和，跟他们交谈会很轻松。这种客户如果看上了产品，他们是不会随便改变主意的，不过他们对产品往往有很高的要求。对这样的客户，销售人员不需要想着如何调节气氛，只需要把产品的独特之处清楚地讲述出来，得到他们的认可，就能拿下订单了。

拿单秘诀

客户的坐姿当中隐藏着很多的信息，销售人员应该看到这些信息，并利用起来，调整好自己的策略，根据客户的性格特点，选择最合适的方式。千万不要单纯地认为客户坐在那里就是在认真听你讲话，有的时候他们可能在走神，所以通过客户的坐姿来了解他们心中的想法就变得非常重要。

交谈时身体前倾的客户，颇具购买的诚意

销售员："您好，请问您想买什么？"

客户："最近天气有点冷了，我想买一件毛衣。"

销售员："没错，秋天到了，这几天又下了一场秋雨，天气逐渐变冷了。这边的毛衣都是今年最新的款式，您看看喜欢什么样式的？"

客户："我看看……这边这一件就不错。"

销售员："这件毛衣是最近卖得最好的一款，您看它看起来毛茸茸的，就显得很暖和，而且绝对不会起球的。"

客户："恩，是挺不错的，不知道你这里还有没有别的颜色的，我不太喜欢这几种颜色。"

销售员有些为难："可是这件毛衣就这几种颜色啊，都摆在这里了。"

客户的身子微微前倾，说："不会吧，才三种吗？"

尽管客户显得有些挑剔，但是当看到他身体前倾的动作时，销售员觉得这个客户是很有购买的诚意的。因为他知道，一般情况下，在交谈时身体前倾的人，是想让对方更清楚自己的意思。

于是，销售员又充满了信心，解释说："其实这个灰色的就挺适合你的，为什么不试试呢？试过之后就知道它可以和你的裤子很

搭。这款毛衣虽然颜色少了点，但因为它上面印的花色很好，所以基本上是百搭的，我建议你试一下。”

客户试了一下，说：“恩，虽然看着感觉可能会不合适，但穿上以后真的很好，我就买这件吧。”

经典实例解读

在本案例中，销售人员注意观察，通过客户谈话时细微的前倾动作，了解到他是有购买诚意的，所以耐心解释，最终留住了客户，完成了交易。客户如果在交谈的时候身体前倾，说明他想让双方在语言表达上更加明确，互相理解对方的意思，是很有购买诚意的。因此，遇到这样的客户，销售人员一定要有耐心，坚决拿下他们。

拿单要点解析

如果说人们在说话时会撒谎，对客户的话不能完全相信，那么动作一般是不会撒谎的，尤其是在说话时不经意间做出的那些细微动作。假如客户在和你谈话的时候身体前倾，就说明他是很有诚意购买的。如果发现了客户的这种动作，即便是他显得很挑剔，销售人员也不要着急，因为这只不过是他想更了解产品，弄清楚这产品是不是适合自己而已。在做销售工作时，客户的细微动作会有很多，销售人员可以注意以下几种：

1. 身体前倾

通常情况下，人们在说话的时候身体前倾，就表示他对和他谈话的人是很尊重的。在销售的过程中，客户说话时身体前倾，一方面是为了让自己的话更清楚地传达给销售员，另一方面还说明了他对这款产品是很有兴趣的，想离它更近一点，看得更清楚一些。当销售人员发现客户的这种动作时，就要努力使他们保持这种对产品的浓厚兴趣和交谈时的诚意，直到交易达成。

2. 摇头

客户在交谈时或者是在观察产品的时候，可能会不经意间微微摇头。这个动作有时候很轻微，甚至不仔细看都会忽略掉。一般当客户有这种动作时，说明他们并不满意，甚至已经准备要离开了。销售人员遇到这种情况，应该赶紧介绍产品的优点，想办法留住他们。

3. 双臂环抱

双臂环抱是一种防御的姿态，如果客户在和你交谈的时候环抱双臂，说明他对你的话并不认同，甚至是已经有了敌意。遇到这种情况，如果无法打动客户，就要懂得适可而止，不要一味推销，否则有可能会使客户更加不满。

拿单秘诀

人们在说话时经常说谎，但不经意间表现出来的动作却很少会说谎。作为一个销售人员，一定要时刻留意客户的动作，因为那可以告诉你很多信息，而这些信息将是你拿下订单的关键。当客户在谈话时身体前倾，你就要知道，你的机会来了，这个客户是很有诚意的，不要错过他。

空间距离代表客户的心理距离

韩辰是一个办公用品公司的销售员，他准备将办公用品推销给一家公司，于是就想找这家公司的经理商谈这件事。然而尽管已经找经理谈了好几次，可效果却一点都不好。刚开始经理是躲着不见韩辰，后来虽然见到了，却没有坐下来好好谈谈，韩辰刚简单介绍了一种产品，还没有谈到销售的事情，就被经理一口回绝了。

不过，韩辰并没有就这样认输，他再一次来到这家公司，对于这次的拜访，他充满信心，无论如何也要使自己的销售工作有所进展。他来到这家公司时，正好遇上经理和他的秘书在搬东西。韩辰仔细一看，原来这个经理正和秘书将一台立式空调往办公室里搬，搬得还挺吃力的。韩辰连忙放下手中的资料，过去帮他们把空调搬进办公室，并放到合适的位置。

正是由于韩辰在帮经理搬东西时和经理在空间上有了近距离的接触，所以双方心理上的距离就变得更为接近了。韩辰用自己的真诚以及热情成功赢得了这个经理的信任，于是经理在搬完空调以后，就请韩辰坐下来谈谈购买办公用品的事。然后双方很快就谈妥了条件，签下了订单。

经典实例解读

在这次的销售过程中，韩辰一开始被对方一再拒绝，甚至刚开始的时候，他连经理的面都没见过。正是因为韩辰和客户在空间距离上太过遥远，所以销售工作连开展都很困难，更不要说完成销售任务。但韩辰很执着，这份执着终于让他等到了一个机会，通过搬空调来拉近双方空间上的距离，进而拉近心理上的距离，从而一举拿下订单。

销售人员和客户之间一定是存在距离的，但是，销售人员不能因为这点困难就退缩不前，一定要克服空间上的距离，从而使客户的心也和你贴得更近，然后搞定销售工作。

拿单要点解析

人们在实际中看得见摸得着的空间距离和看不见摸不着的心理距离是存在着紧密关系的，只不过如果不去想这方面的事，就很容易将这种关系忽略掉。其实想想生活中的经历，我们就能深有体会。两个陌生人之间不会站得很近，而两个熟悉的人就可以亲密接触。这就是心理距离和空间距离的一致表现。要学会通过空间距离来判断心理距离，就要知道有哪几种基本的空间距离：

1. 社会距离

在社交场合当中，人与人之间所保持的距离就是社会距离，这个距离的具体长度大概是在 1.2 米到 3.6 米之间。因为这样的距离下，人与人是不能接触的，所以这就可以给人一种安全的感觉，同时又有庄重和严肃的气氛。这种距离在同事之间也很适用，能保持这样的距离，相互之间的工作就不会受到干扰，能避免给别人带来不必要的影响。

2. 个体距离

朋友之间保持的距离就是个体距离，这个距离的具体长度是在0.45米到1.2米之间。在这样的距离上，两个人可以相互拥抱或者接触，也能够清楚看到对方有什么神色、表情。在这样的距离下，很适合交流沟通。

3. 亲密距离

亲人之间所保持的距离属于亲密距离，比如恋人之间、夫妻之间、和父母之间的距离等，通常情况下，这个距离的长度是在0.15米到0.45米之间。保持这样的距离，双方之间可以给予对方保护和安慰，彼此都是触手可及的。不过，不要固执地以为只有亲人之间才能有这样的距离，其实和一些关系特别亲密的朋友也可以是保持在这个距离上。

4. 公众距离

最后要说一下的是公众距离，这个距离还可以分成近距离和远距离两种，近距离大概是在3.6米到7.5米之间，远距离一般是超过7.5米。在这样的距离上进行演讲之类的活动是比较合适的，一般在这种距离上谈话，说明双方之间还存在一些问题，有很多需要交流的地方。

通过以上的几点，我们就知道，在销售的过程中，销售人员可以根据空间上的距离来判断客户和自己之间的心理距离。一般情况下，通过空间距离来判断的心理距离是比较准确的，通过这样的方式来了解客户内心情绪的变化是很好的。

拿单秘诀

在生活中，空间上的距离和心理上的距离是紧密联系的，空间上的距离远近代表了心理上的亲密程度。销售人员要学会通过客户与自己的空间距离来判断双方之间的心理距离，还要会用这个来判断双方的关系疏密程度。在判断之后，销售人员可以从空间对心理的影响入手，利用拉近空间距离来拉近心理的距离，逐渐让客户接受你，然后达成交易。最后，销售人员要和客户保持适当的距离，因为太亲密也是不行的，只有保持一个亲近却又不至于失礼的距离，双方的关系才可以持久。

主动与你握手的客户就是准客户

秦枫是推销空调的销售员，这天他去一个居民楼推销产品。敲开一家的房门之后，秦枫说明了来意，并进行了简单的自我介绍。

客户听说他是推销空调的，马上伸出手来和他握手，说："你好，有什么事进屋来说吧。"

见客户主动伸手和自己握手，秦枫就知道这位客户是一个很开朗的人，待人也特别热情，更重要的是，他有可能需要空调方面的业务，是自己的准客户。

果然，客户说："你来得正好，我家是刚搬过来的，以前的空调还在那边，请问你可不可以做空调移机的业务呢?"

秦枫："空调移机我们公司也是可以做的，不过我个人建议您买一台新空调装上算了。旧的空调移过来会比较麻烦，而且您那边是不是还要住人呢？如果没有必要的话，还是不要移机了。"

客户："是这样，我本来也打算买一台新空调，但是我的太太是一个非常节俭的人，她说把旧空调移过来就可以用，没有必要再花冤枉钱买新空调。"

秦枫知道这很有可能会成为自己的客户，所以很耐心地解释："首先您的空调本身就比较旧了，制冷效果应该已经不是特别好，可能还需要加氟。而且，它的噪音我想应该也已经很大了吧。另外，您把它移过来也需要花钱。这样算下来，您花的钱也不算少了，效果还不好。”

客户：“是啊，我也是这么想的，可是我太太不这么想。”

秦枫：“其实什么东西用的时间长了都应该更换的，您看现在的空调，可以变频，帮您省电，而且还环保，制冷制热效果都好。反正早晚是要换的，为什么不趁着搬家，给新家装上一个新空调呢？如果您买我们的空调，我们是会送货上门然后免费给您装上的。既省事省力，效果又好。”

客户想了想：“你说得对，给我说说你们都有什么样的空调吧，我买一台。”

经典实例解读

握手是人际交往中的一项很基本的礼仪，但是如果留心观察，从这个司空见惯的礼仪当中，我们也能发现很多事情。秦枫正是注意细节，从客户主动伸手与自己相握当中，发现客户是一个热情的人，而且很有可能有自己这方面的业务需要，是一个准客户。果然，经过努力，他成功拿下了这个客户。

拿单要点解析

销售人员在销售的时候免不了和客户握手，如果因为经常握手，就忽视了这个动作当中的细节，不注意它所表达的各种含义，那这个销售员是不合格的。销售员应该留心和客户交往的每一个细节，连握手这个最常见的动作也不能掉以轻心。如果客户主动与你握手，表现得热情大方，你就要明白，他是你的准客户，要努力了。

在看似简单的握手中，我们可以发现很多事，简单介绍几种：

1. 用两只手握手

如果客户在和你握手的时候使用两只手，说明他们在思想上是很开放的，他们对人一般会很热情，对于一些死板的东西会毫不在意。所以，遇见这种人的时候，销售人员也要表示出同样的热情，这样才能赢得客户的好感，并最终拿下订单。

2. 握手的时候，手上下晃动

如果客户在握手的时候上下晃动，说明客户是一个开朗的人，对待人会很真诚，并且他们在自己的圈子中，一般会有不错的影响力。遇到这样的客户时，销售人员一定要尽力争取，如果可以得到他们的信任，就可以通过他们来挖掘出更多的客户。

3. 握手时很用力

假如客户在和你握手的时候很用力，牢牢箍住你的手。这样的人征服欲比较强，而且心志特别坚定。面对这样的客户，销售人员必须时刻提醒自己，要明确立场，避免说服不成却反被对方说服。在说话的时候，要多说有说服力的话，才能打动这样的客户。

拿单秘诀

一个合格的销售人员，应该注意和客户交往的每一个细节，连握手这个简单的动作也不例外。销售人员要通过握手时的动作，把握客户的心理状态和性格特点。如果客户主动与你握手，表现得热情大方，你就要明白，他是你的准客户，努力搞定这一单。

第六章

熟知顾客消费心理，打破成交壁垒

人们有着怎样的心理习惯，就会做出怎样的消费行为。所以，想要在销售的时候消除阻碍，就首先需要明白客户有怎样的消费心理。销售人员如果能够成功破译客户的心理语言，就可以打破成交壁垒，让交易尽快实现。

警戒心理：大多数顾客都对销售员有警戒心理

李琦是一个家具销售员。一天，他到某小区推销自己的欧式田园风格家具。李琦知道这种高档的家具需要有一定消费能力，并且审美不俗的客户才会买，因此，他选择了一家从外面看起来很讲究的人家。

李琦上前敲门，房主很快就将门打开了，并问："你是谁?"

李琦："您好，我是某某家具公司的销售员，想向您介绍一下我们公司的产品。"

客户："对不起，我暂时不需要购买家具。"

李琦知道对方可能是对自己有戒备心理，于是连忙解释："我真的是家具公司的，绝对不是骗子，这是我的证件。"说着，李琦把证明自己的身份的证件递了过去，然后接着说："我看您家的窗户和窗帘都是很清新的风格，所以觉得您应该会喜欢我们公司的欧式田园风格家具，这是我们公司找最优秀的设计师设计出来的，如果您购买一套的话，肯定能使您家的环境显得更加温馨。我觉得您应该是一个品位非常高的人，所以这套家具对您来说再适合不过了。"

客户查看了李琦的证件，对他多了一点信任，又听了他的介绍，对他的产品产生了兴趣，说："你的观察很仔细嘛，我确实对家里装修的品位很看重，你确定你的那套家具适合我的装修风格吗?”

李琦知道这件事有戏，连忙说：“这样吧，您让我看一下您家的室内环境，我就可以确定了。”

客户打开门：“那你就进来看看吧。”

李琦：“您家的装修真的很是与众不同，我猜您一定是做和艺术相关工作的吧，不然不会有这么高的品位。”

客户：“虽然我不是搞艺术的，不过对生活环境的要求比一般人高不少。”

李琦：“不过我看您现在的这套家具并不是很好，如果能换上我们公司的田园风格的家具，您家里的环境肯定能像乡村一样温馨。不信您可以看看，我这里有这套家具的整体效果图片。”

客户：“是吗，我看一下。”

看过李琦的照片之后，客户表现出欣喜的神色。

李琦趁热打铁，接着说：“我们公司的产品质量绝对有保障，这一点您绝对可以放心，很多对家具要求很高的顾客都选择买我们的家具呢，我强烈建议您换一套，生活品质的提高是刻不容缓的事情。”

客户想了一会儿：“好的，我决定买你一套家具。”

经典实例解读

为什么李琦能够迅速使这次交易达成呢？主要就是因为他看出了客户存在警戒的心理，然后先一步证明自己的身份，并拿出证件，既充分展现出诚意，也解除了客户的顾虑。在走好第一步之后，李琦又不断强调自己的产品特点，并保证产品质量，进一步赢得客户信任，消除客户的警戒心理，拿下订单也就顺理成章了。

拿单要点解析

人们在第一次和陌生人打交道时都会有警戒的心理，这是人之常情。销售人员要想拿下客户，搞定订单，首先就得打破这层警戒的心理。这是最开始的一个环节，也是最重要的一个环节，它是接下来销售工作开展的前提。那么，如何才能够消除客户的警戒心理，就要考验销售人员的能力了。下面提供几种简单易行的方法：

1. 提供强有力的身份证明

就像是我们到外地去都需要随身携带身份证那样，销售人员随身带着能够证明自己身份的证件也是十分有必要的。现在各种各样的骗子很多，如果你能够在敲开客户大门的时候，第一时间提供有效的证件，让客户对你的身份确信无疑，他们的警戒心理就会减少很多。这个方法虽然很简单，但却非常实用。

2. 推销过程要慢慢来

如果销售人员急于求成，太想得到一个结果，就会吓到客户，使他们下意识做出拒绝的决定。取得信任是一个缓慢的过程，你的突然造访已经是很冒昧了，所以这个使客户消除警戒心理的过程更不能着急。慢慢和客户拉近距离，保持耐心，这样反而会事半功倍。

3. 先聊点客户的兴趣有关的话题

刚开始交谈时应该努力从客户感兴趣的话题入手，这样才能激发客

户的积极性，然后再把话题引到你要推销的产品上面。比如例子中的李琦就是通过观察窗户和窗帘，敏锐地觉察到客户是一个很讲究品位的人，进而联系到家具上面，这样就可以很快消除客户的警戒心理。

拿单秘诀

初次见面，客户都会有警戒的心理，所以，要想拿到订单，首先就是要打破他们的警戒心理。为此，销售人员最需要做的有两件事：一件是提供有效的证件，来证明自己的身份，另一件是寻找到客户的兴趣所在，然后对症下药。当然，在与客户交流时，还要具备充分的耐心。

实惠心理：顾客最喜欢物美价廉的产品

郑军做销售工作已经很长时间了，这几年他的销售成绩一直非常好，所以公司里的人也对他的能力特别认可。每当公司有什么产品推销不出去的时候，人们就会想到郑军，而一旦把推销任务交给他，他总是可以将这个别人完不成的任务给完成。

这一回，郑军的公司有几台冰箱总是卖不出去，原因是这几台冰箱的款式有些旧了，在市场上那些新款冰箱的冲击下，根本毫无吸引力，没人愿意买。为了让这几台冰箱赶紧卖出去，领导找到了郑军。

郑军接到任务之后先进行了一番思考，他觉得这几台冰箱和市场上的其他产品相比，没有任何竞争力，所以要想卖出去，就得靠优惠活动。消费者都有追求实惠的心理，只要能够得到实惠，那款式的问题就不再是问题了。想通了这些之后，郑军爽快地接受了领导的任务，并表示，只要领导给他打八折的权力，他就可以把冰箱卖出去。

得到领导的许可后，郑军便到居民楼里去推销产品了。很快，他就敲开一了个客户的门。

郑军："您好，我是某某公司的推销员，向您介绍一下我们公司的冰箱。"

客户："冰箱啊，我家一直没有用冰箱的习惯，吃的东西都是现吃现买，这样保证新鲜。"

郑军："蔬菜和肉类确实是现吃现买的新鲜，但是别的东西比如水果啊、鸡蛋啊什么的，就要用得着冰箱了啊。再说了，您如果买了蔬菜和肉类，一次没有吃完，有个冰箱也方便存放不是。不管怎么样，有冰箱肯定比没有方便啊。"

客户："你说的也有道理，不过整天开着冰箱太费电了。"

郑军："我们的冰箱很节能的，每天一度电，保管您够用。您看，这就是冰箱的说明书。"

客户："你这冰箱好像不是新款的吧。"

郑军："您真是高明，我们的冰箱确实不是最新款，不过您放心，它除了样式之外，功能一点都不比新款的差。我们公司现在搞优惠促销活动，从即日起，一周时间内购买这款冰箱的客户，一律享受八折优惠。所以说，我建议您如果要买的话就要赶紧买，真的很实惠。"

客户："那好吧，我买一台。"

就是使用打折销售的方法，利用客户实惠心理，郑军很快就将积压的几台冰箱全都卖出去了。

经典实例解读

郑军能够把别人卖不出去的旧式冰箱顺利卖出，主要是因为他抓住了客户追求物美价廉的实惠心理。虽然旧式冰箱的竞争力不如新款的冰箱，但如果加上打折销售，竞争力就可以弥补回来。当客户发现购买这件产品划算时，他们就不会在意款式这些表面的因素了。所以，在销售时，让客户感觉到实惠才是最为重要的。

拿单要点解析

客户在购买产品时，无一例外，全都想买到物美价廉的产品，想得到实惠。如果能够用更少的钱买到更多的东西，那是最开心的事情。因此，销售人员在进行销售时，要尽可能让客户体会到这种实惠，那样交易就好达成了。在让客户感到实惠时，可以用下面几种方法：

1. 同类比价

产品的价格高低都是比出来的，如果只有一件产品，没有比较，是不能看出实惠与否的。所以，销售人员一定要找到同类产品中比自己产品贵的，通过比较，让客户觉得他买到你的产品就赚了，错过就会后悔。那样的话，为了得到实惠，他们就会毫不犹豫地买下你的产品。

2. 打折促销

促销永远是商家快速卖出产品最直接有效的方法。不管对一件商品有没有需求，只要是看到打折和送礼等促销活动，消费者都会停住他们的目光。很多人有购物的强迫症，多半都是因为商家的打折而引起的，可见打折的威力。销售人员一定要利用好打折和活动促销，这样能最有效地刺激消费者，让他们产生实惠的念头。

3. 限时抢购

除了打折促销之外，要想最大程度刺激消费者赶紧做出购买的决定，还需要限定时间。限时抢购总是很容易使消费者们产生竞相抢购的消费行为，为了不至于使这种实惠落空，消费者会尽快购买，这对于销售人员来说无疑是非常好的结果。

拿单秘诀

消费者都想要在购物中得到实惠，即便是再有钱的人也绝不会愿意多付钱。销售人员要想让自己的产品卖得好，就得让客户知道你的产品有多么实用，它的价格是多么超值。当客户认定了你的产品性价比很高，价格公道，是不可多得的实惠产品，要赶紧买的时候，要着急达成交易的人就不再是你了，而是他们。

虚荣心理：顾客都喜欢享受 VIP 待遇

酒店大堂经理："您好先生，请问某某房间的酒席是您预订的吗?"

客户："是的，有什么问题吗?"

大堂经理："没有问题，但是我看您经常来我们酒店订酒席，为什么您不要一个 VIP 房间呢。从您的穿着打扮，就知道您是一位大老板了，应该有一个专门属于您的 VIP 房间啊。"

客户："我倒没有想过。"

大堂经理："虽然您在普通房间也没有什么不妥的，但是您要知道 VIP 也象征着您的身份和地位啊，这样您在招待客人的时候，也显得更有实力了，不是吗? VIP 不仅是更加方便，重要的是它是一种象征啊。"

客户："听你这么说，好像也挺有道理的。"

大堂经理："我这确实是在为您着想。比如您接待大客户的时候，如果让他们去普通房间的话，他们可能就会心里犯嘀咕，但是如果是 VIP 房间，他们就会对您的实力充分认可了。所以，我觉得您还是订一个 VIP 房间比较好。"

客户："那好吧，就按你说的办吧。"

经典实例解读

人人都有虚荣心，差别只是有的大有的小而已。中国人都好面子，所以，销售人员能够利用好这点虚荣心，就可以实现很多营销任务。例子中的大堂经理正是利用了客户的虚荣心理，才顺利将酒店的VIP包间推销了出去。客户有时候可能不太愿意花钱，但和那种能象征身份地位的虚荣比起来，钱就又不算什么了。

拿单要点解析

尽管我们都觉得虚荣不是一件好事，但人性就是这样，谁都会有虚荣心。销售人员只要能够利用好消费者的虚荣心，就可以让他们买下很多他们原本没打算买的东西。虚荣心把握好了，无限的商机就掌控在你的手中。具体在销售时要注意：

1. 找到那些虚荣心比较强的客户

虽然说每个人都有虚荣心，但相比虚荣心小的客户，那些虚荣心比较强的客户更容易打动。销售人员要从客户的言谈举止的细节方面留心观察，只要发现他们有较强的虚荣心，就算是他们对你的产品兴趣不大，你也可以利用虚荣心来促使他们买单。有时候客户的虚荣心不是特别强，但是只要销售人员能够耐心引导，也还是可以有不错的效果。

2. 让客户的虚荣心得到满足

只是发现了客户的虚荣心还不够，必须要及时地夸奖他们几句，让他们的虚荣心得到满足，只有这样你才会收到他们的“回报”。为什么有些人在买东西时，只选贵的不选对的？就是因为虚荣心的满足。所以，如果客户捡最贵的东西买，销售人员就要一边给他们介绍最贵的产品，一边称赞他们豪爽、有眼光。他们买了最贵、最豪华的商品，人们一定会投去羡慕的目光，只是这目光已经足够让他们十分受用，再加上你的夸奖效果就更不会差了。

3. 不要忽视真诚

虽然说是利用客户的虚荣心，但千万不要以为这样就可以欺骗客户，或者是马马虎虎应付了事。满足了客户的虚荣心，只是让他们有了满足感，销售时的真诚和认真负责的态度还是必须要有的。不管是有多强的虚荣心，人们都会很在意别人对待自己的态度，销售人员如果只注重迎合客户的虚荣心，而在态度方面不加注意，就很有可能会使本来即将达成的交易泡汤。因此，只有在利用好客户虚荣心的同时，也让客户感受到你的诚意，你们的交易才可以确保无虞，而且这个客户还有可能会在今后继续找你合作。

拿单秘诀

对销售人员来说，客户的虚荣心强是一件非常好的事，因为那就表示你可以有更多的机会去打动他们。当遇到虚荣心强的客户时，千万不要吝惜你的赞美之词，只要能满足他们的虚荣心理，其实达成交易并不难，所以绝对别错过。

效率心理：时间有限，快速成交也是卖点

上班的时间，路上出现了大堵车的情况，这时一个西装革履的男士快步走进一家山地自行车专卖店。

销售员小张：“您好，这位先生，您需要点什么？”

男士：“路上堵车了，我想买一辆自行车，你帮我挑一辆骑着速度快的。”

小张见这位顾客急匆匆的样子，又看外面的公路上堵车堵得挺严重，立刻就明白了。这位顾客肯定是有什么急事需要马上赶到公司，所以等不得开车去上班了，要骑自行车去。这也就是说，他要尽快骑上车。这些念头在小张的脑海中闪过，小张立即就想好了销售对策。

小张：“我们这里都是山地自行车，所以骑行的速度都很快，不过如果是新车的话都需要调试，这会耽误您不少时间。我看您是着急赶路，不如这样，那边有一辆我平时骑的车，虽然不是全新的，不过也骑了没多久，功能方面绝对没有问题，颜色我看也挺合适的，您就买它吧，我给您打个八折，您觉得怎么样？”

男士看了那边停放的山地自行车一眼：“好的，我看差不多，就要它吧。”

小张：“这是车钥匙，您马上就可以骑走。您是刷卡支付吗？”

男士：“对，刷卡。”

经典实例解读

案例当中，小张只和顾客说了短短几句话就敲定了交易。不是说在销售时要有耐心吗？为什么小张这么着急，收到的效果还这么好呢？原因就在于小张敏锐地觉察到客户时间紧迫，最需要的是马上完成交易，而不是在挑选商品和讨价还价上浪费时间。销售时是需要足够的耐心，但这并不表示效率不重要，尤其是面对这样的特殊情况，效率就更显得可贵。对于时间紧迫的客户，提高效率才是成交的关键。

拿单要点解析

随着社会的发展和人类的进步，我们生活的节奏越来越快，俗话说“一寸光阴一寸金，寸金难买寸光阴”，这句话一点也不假。在销售的过程中，销售人员一定要审时度势，如果客户想要的是效率，就要尽量使交易以更快的速度达成，这样大家都会感到高兴。要达到快速成交，销售人员可以做一下几点：

1. 快速找到最适合客户的产品

客户想要快速达成交易，但是他们对产品却又了解不多，所以这就需要销售人员给他们推荐合适的产品。销售人员要快速找到适合客户的产品，就要做到两点：一点是平时注意做足功课，对自己的产品了如指掌，第二点就是认真聆听并分析客户的需求，然后挑选出最适合他们的产品。做好了这两点，你的推荐一定能让客户满意，时间自然就会得到大幅度地节省。

2. 捡产品的重点介绍

选出了合适的产品之后，在向客户介绍你的产品时，别像平时那样啰啰嗦嗦说个没完。如果客户想要的是效率，你说得越多，他们就越反感。你应该把客户需要的那几项功能说出来，让他们知道这件产品可以满足他们的要求，就够了。比如例子中的小张就向客户传递了两个信息，一个是这种自行车速度很快，另一个是马上可以骑走，非常方便。

3. 说话直截了当

既然客户要求的是效率，就说明他们没有太多的时间。这时候，销售人员说话就不要拐弯抹角的了，有什么话就直截了当地说出来。比如例子中的小张，介绍完了自行车，直接便讲明收费，然后就完成了交易。这种干净利索的行事风格，一定会受到客户的喜爱和认同。

拿单秘诀

尽管买东西通常都是讲究“货比三家，再来我家”，或者是精挑细选、讨价还价。但是，如果客户的时间并不充裕，追求的是赶紧成交，要的是效率，销售人员就要区别对待了。采用什么样的销售策略，主要还是看客户。当客户要效率时，怎样使销售过程更简便快捷，就怎样去做。

求异心理：顾客都喜欢与众不同

一个超市的销售员向顾客介绍了好几种品牌的洗发水，但客户都没有购买的想法，于是销售员准备向这个客户推销另一种新品牌的洗发水。

销售员："既然这几款洗发水您都不想用，不如您试试这一款新出的去屑洗发水。"

顾客："这个洗发水怎么样呢？以前从来没听说过啊，好用吗？"

销售员："这种品牌的洗发水刚上市没多久，不过我自己已经试用过了。我以前头皮屑很多，经常感到非常困扰。但是，用了这个洗发水大概一个星期左右的时间，我就感觉头皮屑明显减少了。"

顾客："是吗？这么好用。"

销售员："那当然，要不我也不会推荐给您了。我看您也是有主见的人，不喜欢用那种太多人选用的产品。这款产品使用的人没那么多，所以绝对与众不同。而且，它的效果也是与众不同的。"

顾客："我看这种洗发水分成两种，有什么区别呢？"

销售员："您观察得真仔细。您知道吗，我们的头皮屑其实可以分成两类，一种是油脂性的，一种是干燥性的。不同种类的头皮屑应该使用不同的治疗方法。这个品牌的洗发水就分成油脂性头皮屑专用和干燥性头皮屑专用，您可以根据自己的实际情况选择适合您的那一种。”

顾客：“这么专业啊，听起来真的很不错。”

销售员：“所以，这么酷的产品，您值得一试。”

顾客：“好，我就买一瓶试试看吧。”

经典实例解读

当顾客在犹豫不决的时候，销售员之所以能成功将自己的商品卖出去，就是利用了顾客的求异心理，用特殊来引起顾客的注意，然后再用与众不同的效果赢得顾客的青睐。销售中太平庸化的介绍和普遍化的产品，通常会使消费者产生免疫效果，以至于他们会直接忽视掉。所以，销售员用新鲜的产品来刺激顾客的感官和认知，就能达到好的效果。

拿单要点解析

一般来讲，人们都不喜欢平淡无奇的东西，越是新鲜越是新奇，人们就会被吸引，产生兴趣。也正因为如此，很多产品在更新换代之后的销量就会增长很多，如果不换代就将面临死亡。销售人员在销售时也要把握客户的这种求异心理，介绍些独具特色的产品或是新鲜玩意儿，这样就能使销售工作更容易开展。在销售时要注意：

1. 推荐独具一格的商品

这是一个讲究个性的移动互联网时代，连商品也必须要有个性才能引起人们的购买欲。销售人员一定要清楚认识到这一点，在销售时尽量推荐给客户一些独具一格的商品。如果客户在看见那些大众化的产品之后，表现得兴趣索然，你就知道应该让他们看些有趣的新鲜东西了。

2. 让客户觉得这些商品就是为他们准备的

人人都喜欢那份独一无二的感觉，尽管并不是所有新奇搞怪的商品都能够受到客户的喜欢，但是，只要这个商品可以达到客户使用的要求，销售人员就可以告诉客户，这件商品跟他的气质很搭。如果销售人员能够让客户产生“这件东西根本就是为我设计、为我制造的啊，我能遇见它真是缘分”的感觉，那销售肯定能够成功。

3. 把商品和客户的喜好结合起来

商品只有自己的独特之处还不够，必须要和客户的喜爱合拍才行，毕竟没有人会买一件自己并不喜欢的商品。客户最终决定购买，主要还是这商品合自己的口味，符合自己的喜好。因此，销售人员在选择独特的商品进行介绍时，一定要选择那些贴近客户喜好的。比如客户喜欢艺术，就介绍点有艺术气息的产品；客户有宗教信仰，就介绍和他的宗教相符的产品等。

拿单秘诀

每个人都喜欢新鲜的东西，不喜欢陈旧的东西。销售员在进行销售时，一定要谨记这一点，多推销那些独特的商品，用商品的独特性来吸引客户的眼球，然后才是用商品的质量和特性来勾起他们购买的欲望。

逆反心理：你不卖，我偏要买

客户："您好，我想进20万元的货，不知道还有没有?"

销售员："真是不好意思，我们今年的货昨天刚刚下完订单。要不这样，如果您确实想要，我可以帮您提前预订一下明年的订单。这样的话，您明年肯定可以拿到货，而且比其他商家都要早，我向您保证。"

客户："怎么会没货了呢？我前两天还看到你们公司在打广告找客户呢，现在就已经没货了？你不会是在骗我吧。"

销售员："实不相瞒，其实我们做广告只是一种姿态，让我们的那些合作伙伴都产生紧张的心理。其实我们公司的产品质量很好，有口皆碑，所以销量一直也都是不愁的，这一点相信您也非常清楚。再说了，商场上的事瞬息万变，这已经好几天的时间过去了，我们真的已经没有存货了。本来还有20万元的存货，但今天早上刚被一家公司订购了，所以真是不巧，不好意思了。"

客户："我也知道你们的产品质量好，所以才来订货，没想到竟然扑了个空。您看能不能帮帮忙，给我再找点货，我大老远跑一趟也挺难的，而且现在再去别的公司找货，也不容易了，无论如何帮我挪点吧。"

销售员："但是我们的客户都是老客户了，这样做恐怕跟他们没法交代啊。”

客户：“这样，假如这次您能帮我这个忙的话，我们也可以长期合作下去。”

销售员：“看在你这么有诚意的份上，我就试试帮你挪点吧，让大家都先让出一些，应该可以凑够 20 万元的。不过您可一定要遵守承诺，今后保持长期合作关系啊，要不然我跟其他客户没法交代。”

客户：“那是肯定的，您放心吧。”

经典实例解读

这个销售员没有花费一点力气，反倒是客户主动过来求他，就做成了一单大生意，还揽下了一个长期合作的客户，并且客户还对他心存感激。能够达到这样的效果，就是因为销售员懂得运用客户的逆反心理，越是得不到的东西，就越当成宝贝一样看待，越想得到。在销售员的欲擒故纵之下，客户生怕自己错过了时间，生怕自己买不到货，所以拼命想做成这单生意，还不惜许诺长期合作。于是，在销售员的操控下，一切都向着对他有利的方向发展，最终达成了交易。

拿单要点解析

实际上在推销的过程中，最能确保交易达成，并使自己得到更多利益的，是客户的欲望。如果客户有强烈的购买欲望，那销售员不费吹灰

之力就可以和他们签订对自己有利的“不平等条约”。要让客户产生强烈的购买欲望，就要合理利用他们的逆反心理。在人的心理中，最为强大的力量就是逆反的力量。

在进行销售时，如果要利用客户的逆反心理，还有几点需要引起注意：

1. 言语不能过度

让客户觉得你的产品非常好，过了这个村就没这个店，不买就会后悔，这当然非常好。他们在逆反心理的作用下，会觉得越是难买，越是买不到，就一定要买到。但是在表述的时候，一定别用“再不买可就卖完了”“你不买别人买”等这类极具挑衅性的话来表达，否则客户就会直接拂袖而去。即使要让客户自己体会到的信息，销售人员也只能委婉表露出来，让客户产生这样的感觉就够了。比如可以说：“最近货有点紧张”“昨天还有个人想要，我目前没有那么多”等话来表述。

2. 知道客户的兴趣所在

在利用客户的逆反心理时，前提是客户一定要对你的商品有兴趣，如果客户对你的商品一点兴趣也没有，那即便它们全都卖光了，客户也不会在意。所以，销售人员一定要在确定客户是对商品感兴趣时才能使用这一招。

3. 客户的最后机会

不管你的商品是不是就要卖光了，是不是最后一天降价大酬宾，只要你能够让客户觉得这是他的最后购买机会，就够了。比如客户是来旅游的，马上就要离开了，或者客户家离这里很远，没有时间再过来了等。只有客户觉得不买不行了，销售人员才有足够的筹码，促使交易迅速达成。

拿单秘诀

有句歌词说得好："得不到的永远在骚动，被偏爱的都有恃无恐。"越是得不到的东西就越想得到，这是任何人都会产生的心理。销售人员要在销售的过程中充分利用客户的这种心理，"逼"他们妥协，"逼"他们赶紧做出决定，从而迅速完成交易。

安全心理：使用和体验能让顾客第一时间下单

小姜是某超市的销售员，现在他正在负责推销一款护手霜，但是因为这个品牌的护手霜知名度并不是特别高，所以销售量一直都上不去。这样下去不是办法，于是小姜想，应该让买护手霜的顾客亲自试一下这个产品，体验一下就知道它好不好了，只有这样才能打开销路。

一天，一个中年女士来到商品柜前，好像是要买护手霜。小姜连忙拿着自己推销的这款护手霜上前，介绍说："您好，您是要买护手霜吗？不如试试这一种吧，非常好用。"

女士："好用吗，我没有用过这个牌子的护手霜。"

小姜："真的很好用，不信的话您可以抹一点试试。"

女士："那好吧，正好我的手有点干了。"

小姜把护手霜挤在女士的手上，让她涂抹均匀，然后介绍说："您看，它涂抹在手上以后，很快就被皮肤吸收了，不会像有些护手霜那样，弄得到处滑腻腻的。还有它的味道非常淡，不易察觉，闻起来也特别舒服，一点都不刺鼻。"

女士把手放在鼻尖闻了闻，说："确实挺好的。"

小姜："它的好处还不止这些呢。这款产品的主要成分是维生素E和维生素B，对皮肤的保养效果非常好。涂上以后感觉皮肤很润，但一点也不腻，而且用量不需要太多，效果却很持久。它吸收快，涂抹后肌肤看起来特别光滑，还很柔软。”

听着小姜细致地讲述，不仅这位女士，连旁边的几位顾客也凑了过来。等小姜讲完，那几位顾客又看了看女士涂抹护手霜之后的手，确定小姜所说的都是真的，都购买了一瓶护手霜。

通过让顾客亲自体验的方法，小姜终于逐渐打开了销路，卖出去的护手霜越来越多。

经典实例解读

小姜一开始卖不出护手霜，主要是因为顾客们都对这款产品不了解，后来销路打开主要还是归功于小姜让顾客们亲身体验产品，从而使他们对这款产品有了更多的了解。在销售的过程中，如果只是销售员在一旁讲解，顾客听了就会半信半疑。但是，假如顾客亲自体验了产品，他们就会产生一个确定的观点，真正认可产品。所以，销售人员要照顾到顾客的安全心理，用体验来消除他们的顾虑，这样才可以让交易成功进行。

拿单要点解析

在销售的时候，销售员能说会道当然会给销售工作加分不少，但是这并不能成为最有力的说服工具。要想让消费者真正放心，还是他们自己的亲身体验。销售员的话可能会有假，但是消费者自己的亲身感受却

是错不了的。所以，如果有条件的话，销售人员要多让客户自己去体验产品。具体可以做以下几点：

1. 让客户自己看

销售员全凭一张嘴，都很能说，所以消费者就不再相信销售员的话，与之相比，他们更愿意相信自己的眼睛，相信自己亲眼看到的东西。这正是应了那句话："耳听为虚，眼见为实。"所以，销售员明白了他们的想法之后，就主动给他们自己看的机会。消费者通过视觉直观地对商品产生的印象，比销售员空口白话地说一万句话都更有用。

2. 让客户自己试

光是看也不行，还要让客户自己亲自试一试。客户试过产品之后，对产品就有了更深入的认识。假如一个客户对你的产品心存怀疑，可能解释再多都无法使他消除顾虑，这时候，如果让他自己试一下，他就不会再疑心了。

3. 产品知识问答

在客户看过和试过之后，尽管他们对产品的了解已经比较深入了，但还并不完全了解。客户毕竟不是专业人士，所以对产品只是了解个大概，还有很多不明白的问题。销售人员如果能够通过产品知识问答来和客户进行互动，客户将会对产品有更全面的了解。这将有助于客户做出购买的决定，对销售来说也是极为有利的。

拿单秘诀

别人说再多，我们如果没有自己体验过，还是觉得不能完全相信，这是人人都会有的心理反应。因此，在做销售的时候，一定要尽可能多地让客户去亲身体验，无论是用眼睛看，用手摸，还是自己去试。客户对产品了解越多，他们对产品就越放心，也越有可能购买。

第七章

找准顾客的心理软肋，让其无法拒绝

每个人的心理都有壁垒，同时也存在着软肋。销售人员在做销售的时候，除了要打破客户们的心理防线，还要找准客户的心理软肋，只有这样才会使他们无法拒绝，最终拿下订单。人们心理上的软肋有很多，但对销售有显著作用的，也就那么几种。本章将详细介绍这些心理软肋，并结合实际案例，帮助你深刻理解。

抓住客户的好奇心，销售就成功了一半

小王是一个卖家具的销售员，有一次，公司发生了火灾，有一批家具虽然没有被烧坏，但是却在表面留下了一些火烤过的痕迹。原本遇到这样的情况，在家具上涂上些油漆就可以了。不过，这些家具是不用油漆的，外观是原来的木材纹理，比较高档，如果表面用油漆盖住，就会影响销售价格。

小王见老板十分为难，认真观察了一下这些家具，觉得虽然被火烤过的表面有些痕迹，但并不难看，于是便对老板说："您不如将这些家具交给我吧，我一定能帮您把它们卖出去，而且保证卖个好价钱。"

老板将信将疑，看了看他说："这些家具可是都被火烤成这样了，我一直都为它们发愁，你能卖出去?"

小王："这其实一点也不难，只要换个思路，充分利用客户的好奇心，不但能卖出去，而且可能比正常的家具卖得更快呢。"

老板看小王自信满满，就答应了。

小王把这些家具摆放出去，由于这些家具的表面很有特点，很快就有顾客过来询问。

小王："您看我的这批家具，是上好的木材，而且它们表面是纯天然形成的纹理和花纹图案，在别的地方您一定买不到。"

客户："这家具的图案还真是没见过，怎么像是被火烤过一样?"

小王："这您就不知道了吧，这是设计师专门设计的火焰图案，象征着红红火火的意思。您看这样式多好，这可是非常高级的加工工艺，怎么样，买一套吧，错过了可就买不到了。"

客户的好奇心被勾了起来，围着家具看了看，说："看起来是挺独特的。"

小王："您看它四面的花纹多么均匀，一般的加工工艺可达不到这种程度。"

客户："真的很新奇，那我就买一套吧。"

接下来的几位客户，小王都是用这种方法，勾起他们的好奇心，然后把家具全都卖了出去。

经典实例解读

小王之所以能够轻松将被火烤过的家具卖出去，是因为他明白，每个人都有好奇的心理。将火烤过的家具表面纹理说成是高级的加工工艺，再加上客户没有见过这种样式的家具，所以客户的好奇心就被充分调动起来。有了足够的好奇心之后，客户就会产生购买的欲望。小王再说些夸赞产品的话，交易很快就达成了。

拿单要点解析

好奇心每个人都能有，如果销售人员能够在做销售时充分将客户的好奇心调动起来，客户就会产生强烈的兴趣，而这兴趣又会转化成购买欲。当客户的购买欲特别强烈时，不用销售员再多费口舌，他们也会心甘情愿地掏腰包，将你的产品买下。利用客户的好奇心，要做好几点：

1. 利用客户的好奇心

虽然人人都有好奇心，但销售人员要想让这个好奇心起到重要的作用，就得利用好那些客户的好奇心。通常情况下，好奇心强的客户会有几种特征：一是他们在购物的时候特别看重商品的外表；二是这种客户买东西时会比较利索，不会因为价格唠叨半天；三是这种客户一般是年轻人，对新鲜事物有更多的向往；四是他们听到销售人员介绍新鲜东西时，会表现得比较兴奋。因此，遇到的客户是这几种情况时，销售人员就应该明白，应该好好利用他们的好奇心，这将为达成交易起到非常重要的作用。

2. 别都说出来

知道了客户好奇心强之后，销售人员在介绍自己的产品时，不要把产品所有的信息都说出来。只说一部分，说最能够吸引客户的那一部分，让他们感到好奇，这样就达到目的了。比如，销售员可以说："这将对您产生很严重的影响。""你一定没见过这种功能吧。""这很糟糕，不过我们有解决办法。"半遮半掩，透露一部分重要信息，最能引起人的好奇心，销售人员一定要把握好。

3. 让产品变神秘

神秘的东西最能引起人们的好奇心，如果不把产品是什么直接告诉人们，人们就会猜个不停，对产品的渴望也就越来越强烈。例如小米在卖路由器的时候，先出了一个路由器的侧面照片，但是不告诉人们是什么，让人们去猜。结果猜什么的都有，有不少人都猜是小米要出豆浆机

了。就这样，小米的路由器还没出来，就已经被人们熟知了。

拿单秘诀

好奇心是人们了解一个事物的最初动力，人人都有好奇心，只要销售人员能够将这些好奇心充分利用起来，就不会再有产品摆出来却无人问津的烦恼。用把产品神秘化，半遮半掩，或者是表现出产品独特的那一面，引起客户们的好奇心，他们才会愿意去了解你的产品，进而购买。

免费午餐能让顾客在负债感中自愿下单

一位男士带着自己的小儿子到商场买东西，但是儿子特别调皮，男士又不太会管他，导致儿子大哭大闹。这时候，他们正好经过一个卖儿童玩具的柜台，小儿子看见玩具，就忘了哭，吵着要玩玩具，还赖着不走。

男士一点办法也没有，卖玩具的销售见状说："这样吧，我帮您看一下孩子，您要买的东西应该也不多吧，等您买完东西要走的时候，再回来领他。"

男士："这怎么好意思呢。"

销售员："没关系，反正都是在我们超市买东西，我帮忙也是应该的。"

男士："那真是谢谢了。"

过了一会儿，男士买完东西回来了，准备把儿子接走。但是，当他看见儿子和销售员很开心地玩玩具，忽然觉得亏欠了销售员什么似的。于是，他对销售员说："真是太感谢了，如果不是你，他还不一定要跟我闹到什么时候呢。这样吧，我在这里给他买个玩具，也算是照顾一下你的生意。"

销售员："没关系的，我是自愿给您看着他的，您不用觉得不好意思。"

虽然销售员这么说，但男士还是坚持从他这里买了一个变形金刚走了。

经典实例解读

销售员没有劝说男士买东西，甚至还告诉他不用买，但男士还是坚持从他这里买走了一件玩具。出现这种情况，主要是因为男士收到了销售员免费的看孩子服务以后，心理上感到亏欠了销售员，有一种负债感。男士为了报答销售员的帮助，坚决买下了他的一件产品，这就是“免费午餐”所起到的巨大作用。所以，销售人员不妨在做销售时给客户提供点免费的服务，这样就能收到意外的惊喜。

拿单要点解析

中国是礼仪之邦，而中国人在为人处世的时候也特别讲究礼尚往来。免费的服务虽然不要钱，但是给人们心理上的那种负债感，却比要钱还厉害。如果客户受到了销售员的免费服务，他们就会觉得亏欠了销售员什么，而要做出表示，买下一些产品。销售员要充分利用客户的这种心理，在销售中多提供一些免费的服务，这样不仅能让客户感受到温暖，自己还能收到真实的回报，何乐而不为呢？那么，销售人员要怎么做呢？

1. 主动提供免费服务

要提供免费服务，销售人员最好是主动的，如果是客户要求的，那效果就会打个折扣。比如有些超市里，储物柜紧张，客户可能会要求前台的服务员帮自己看一下物品什么的。当客户主动提出来时，他们就不会有太多的负债感。但是，例子中的销售员主动提出帮客户看孩子，客户的负债感就很强烈。因此，销售人员要多了解客户的需求，并主动提供免费的帮助，这样才能有最好的效果。

2. 销售员的心理素质要好

为什么说销售员的心理素质要好呢？因为当你提供了免费服务的时候，虽然每个人都会产生负债的心理，但这种心理有的强烈有的不强烈。而会不会产生实质性的回报，买下你的产品，也是因人而异的。所以销售人员的心理素质要好，不能因为客户没有给出回报，就心生怨恨或者如何。只要坚持付出，不去计较回报，最终收获的一定不会少。

3. 以帮助客户为乐

其实给客户提供免费的帮助，并不一定要把回报看得太重，如果换个角度想一想，帮助了客户，看到他们的问题解决了，这本身也是一件很快乐的事。即便客户没有给出相应的金钱回报，这份快乐不也是你付出之后的回报吗？有钱也不能买到开心，这份收获已经很宝贵了。

拿单秘诀

天下没有免费的午餐，即便是这份午餐不用付钱，客户在心理上也会产生负债感。销售人员要充分利用这个负债的心理，通过给客户提供免费服务，增加他们对你的负债感，从而不用费力，就拿下他们手里的订单。即便有时候出现意外，没有收到客户的实际回报，那份帮助人之后的快乐，也还是难得的收获。

节俭型客户要突出你的价格优势

一位中年女士到服装店买衣服，她一件一件挑选过去，在看到价格之后总是摇摇头，就从那些衣服面前走过。

销售员看见这个情况，知道这位女士是想买便宜一点的衣服，于是上前说：“您好，欢迎您到本店来，我们这里有很多物美价廉的服装，您随便挑选，不用着急。”

女士：“可是我看过的这几件衣服都很贵啊，可看不出什么物美价廉来。”

销售员：“一看您就是位勤俭持家的贤妻良母，不过您还真说错了，您刚才看过的那几件衣服，价格虽然高，但是质量也是上乘的。别的衣服穿坏两件，这些衣服都不会坏的。”

女士：“是吗？你当然会夸自己的商品好了。”

销售员：“我说的都是真的，这可不是王婆卖瓜，自卖自夸。不过您也不用担心，我们这有价格比较低的衣服，在那边。”说着，指了指旁边的那些衣服。

女士看了看：“这些衣服是不是就质量不好了？”

销售员：“这些衣服的价格虽然低了点，但是质量也很不错的。当然，它们不能和刚才那几件衣服比，不过我们平时穿的衣服，这质量绝对是可以了。我是专门卖衣服的，进货的时候挑选的都是性价比高的产品，所以这一点您尽管放心。您看我穿的衣服，就是这一类的，如果不是特别有钱的人，穿这种档次和质量的衣服是没问题的。其实像您这样生活俭朴的人，很多都买这种衣服的。”

女士：“我看这些衣服就挺好的，那我买两件好了。”

经典实例解读

生活中有很多节俭的人，有时候这种节俭风格是和本身的财富程度无关的，即便是家里家财万贯，他们买东西还是会挑选便宜的买。当遇到这种节俭型的顾客时，销售人员就不要总是向他们推荐那些价格很高的产品了，选择价格低一点的产品会更好。例子中的销售员正是看出了那位女士是一位节俭型的客户，然后推荐了合适的衣服，才达成了交易。

拿单要点解析

生活中特别有钱的人并不多，大多数人都是普通人，买东西的时候也会精打细算。销售员在做销售时，遇到最多的还是节俭的人。面对这种客户时，尽量向他们推荐那些物美价廉的产品。不过，销售人员不要觉得这些人就是特别抠门，舍不得花钱的。不要这么死板地认定这一点，因为如果高价的东西确实是他们需要的，或者是性价比高的，他们也会舍得买。具体来说，遇到节俭型的客户，销售人员要注意以下几点：

1. 一定要把商品的优点突出来

节俭型的客户买什么东西都特别小心谨慎，一方面是他们并不富裕，看重商品的价格，另一方面说明他们十分精明，更为看重商品的实用性和性价比。因此，销售人员在介绍自己的商品时，一定要注意突出商品的优点。只要能够把商品的优点突出来，让客户觉得这件商品是值这个价格的，他们就有购买的可能。如果不能让他们清楚知道商品的优点，他们就会觉得你的价格太高，是漫天要价，他们就会直接忽略这件商品。这样一来，便一点成交的可能性也没有了。

2. 通过比较来让客户不再在意价格

有的商品价格就是高，那怎么办呢？节俭的客户如果不能在商品的价格上感到平衡，就不会接受这件商品，更不可能买下它。这时候，销售人员就要把商品和其他商品比较，主要在质量和价格方面进行比较。通过比较，让客户觉得你的商品其实也不能算贵，因为同类的商品价格确实在那里摆着。只要他们的心理能逐渐接受这个价位，就有可能会达成交易了。

3. 把付费分解一下

当一件商品的价格太高时，可能节俭的客户无论如何都是接受不了的。这个时候，销售人员可以使用将付费分解的办法。比如一台电冰箱是多少的价格，然后它的寿命是几年，通过运算，告诉客户，他其实平均每天只需要花费很少的钱。现在的打白条、分期付款的付款方式，也都是这种付费分解方法中的一种。

拿单秘诀

如果客户是很节俭的人，销售人员就要麻烦一点，耐心向他们解释这件商品为什么会有这样的价格，这个价格其实不贵等。面对节俭型的客户，首先要向他们推荐价格比较便宜的商品，然后还要强调产品的优点，让他们知道产品的性价比很高，这样才能顺利完成交易。

干练型客户最讨厌销售员拖泥带水

小周在一家家用电器商场做销售员。“十一”期间这家商场搞活动，有很多人都来买电器。

一个年轻的男士快速走到卖电冰箱柜台前，挑选了起来。小周正好是这些电冰箱的销售员，于是连忙过去介绍：“我们现在过节期间搞活动，这些电冰箱质量都非常好，以前的价格比现在的价格可高了不少呢。”

客户：“我知道现在你们很多的商场都在搞活动，所以就想趁机给父母买一台电冰箱。你这里的冰箱什么样的最好呢？你帮我挑一台吧。”

小周：“那您想要个什么样的呢？”

客户：“只要质量好，不会坏，家里日常生活用得好就行。”

小周：“这些冰箱的质量都很好的，那您是要这种容量大一点的还是小一点的？对开门的还是……”

客户：“哎呀，没有这么麻烦。我父母自己住，他们上了年纪，你看着帮我挑选一台就行了，只要他们用得好就可以。我是不懂这些东西，所以让你帮着挑一台，你就别问我这么多了。”

小周马上明白了，这个是一位干练型的客户，办事干净利索，不喜欢拖拖拉拉的，所以也不再多问，想了想，指着一台冰箱说：

"我觉得这种适合您，您看这样式怎么样?"

客户看了一眼："样式看起来还不错，多少钱?"

小周："4000元。"

这时候，客户接到一个电话，接完之后说："我的一个朋友说有个地方的冰箱比你这里便宜得多，才要2000元。"

小周知道这是一位干练型的客户，办事不喜欢多费周折，所以很自信地说："我敢肯定，那个冰箱一定不如这台冰箱好，我对我们的价格有信心。您看这台冰箱的容量，样式，还有它的耗电量……"

客户笑了："我看也是一分钱一分货，不多说了，就买你的吧。"

经典实例解读

小周之所以能够迅速将冰箱卖出去，遇到别的产品比自己的产品便宜的情况也能轻松应对，就是因为通过客户的言行判断出他是一个干练型的客户。面对干练型的客户，销售人员办事一定不要拖泥带水，只说最主要、最有用的话，快速达成交易，这才是正确的方法。如果介绍商品说上一大堆，讨价还价再说上一大堆，客户就会被你的啰嗦吓跑了。

拿单要点解析

生活中有不少人办事婆婆妈妈，而办事雷厉风行的人也同样有不少。销售员习惯了和别人讨价还价，啰啰嗦嗦说一大通的销售过程，在

遇到干练型的客户时，千万不要还用这种方式来做销售工作，否则就会惹客户讨厌。在遇到干练型客户时，销售员要怎么做呢？

1. 根据客户的表现随时调整策略

干练型的客户一般喜欢那种成竹在胸的感觉，他们之所以办事快，是因为他们能抓住事情的关键点。这样的人往往还喜欢掌握主动，喜欢那种一切尽由他们掌握的感觉。因此，销售人员不但办事要快，介绍要精练，还应该注意看他们的表现行事。只要能够在言行上讨得这类客户的喜欢，让他们买下你的产品是很容易的。

2. 越快越好

干练型的客户做决定是很快的，这也就意味着他们改变自己的决定也不会慢，因为当他们因为一个条件很快做出决定时，有可能接下来的一个条件或一个想法就又能让他们改变主意。因此，销售人员动作越快越好，赶紧捡产品最重要的特点说，赶紧敲定这笔生意，免得再生变化。

3. 给客户演示产品

干练型的客户一方面要快速做出购买的决定，一方面他们的头脑也特别清醒和冷静。这也就意味着，销售人员必须拿出足够有说服力的东西，才可以让他们决定购买你的东西。那么，什么最有说服力呢？就是现场的产品演示。因此，销售人员最好是现场演示一遍产品的使用，这样客户就买得放心了。

拿单秘诀

干练型的客户无论做什么事情都讲究一个“快”字，买东西的时候自然也不会例外。遇到这样的客户时，销售人员就要迎合他们的习惯，尽快将产品最重要的特点介绍出来，然后快速完成交易，这样大家都高兴。如果拖泥带水，客户就会转身离开，销售人员则是费力不讨好。

用恭维拿下炫耀型客户

小李是一个生活用品公司的销售员，公司最近刚来了一批电热水壶，所以小李就到一个居民楼里去推销产品。

敲开一家的门，开门的是一位上了年纪的老伯。进了门以后，小李就被挂在墙上的各种奖章吸引了，忍不住赞叹道：“老人家，您家里的奖章可真多啊，真是让我大开眼界了。”

老人听了小李的夸奖，笑呵呵地说：“每个第一次进我家的人都会这么说，怎么样，你想不想听听我年轻时候的故事呢?”

小李听老人这么说，又看他一副得意洋洋的样子，就知道这位老人很喜欢表现自己，是属于那种炫耀型的人。小李知道，要拿下这样的客户，就得迎合他们的喜好，用恭维的话赢得他们的开心。

于是，小李说：“一看您就是一个特别了不起的人，您是当兵的吧，一定有很多英雄事迹了，我真的很想听一听呢。”

老人笑得更开心了，两只眼睛都眯了起来，说：“不是我喜欢说大话，一般人都没有我那么丰富的经历。我很小的时候就参军了，跟着部队南征北战，打死的人有多少，连我自己都记不清了。”

小李一脸羡慕的样子，说：“真是太厉害了，我们这些生在红旗下，长在蜜罐里的年轻人，是体会不到您当时的那种热血经历了，想想都让人觉得羡慕啊!”

老人接着说："你别看我现在老了，腿脚也不利索了，可是想当年打鬼子的时候，我都是冲锋在前！记得有一次，一个日本的联队要进村扫荡，我一个人侦察到了他们的动向……"

老人有声有色地说起了他的传奇经历，小李则饶有兴味地听他讲完。

说完这个故事之后，老人忽然想起小李是来推销产品的，就说："你这个年轻人真是有耐性，不错不错。你是来卖什么的？"

小李连忙拿出一个电热水壶，笑着说："我是来推销电热水壶的，这都还没来得及说呢。"

老人也笑了："不用说了，我买你一个吧。"

经典实例解读

小李一句话也没有多说，就将自己的产品卖给了老人，还给老人留下了特别好的印象。这就归功于小李善于察言观色，看出了老人是那种喜欢炫耀的人。面对炫耀型的客户，小李选择了迎合他的口味，用恭维的话赢得他的欢心，然后很自然地达成了交易。

拿单要点解析

喜欢炫耀的人有很多，毕竟虚荣心是人人都有的。销售人员在遇到炫耀型的客户时，一定要多说赞美的话，表现得非常积极。这样一来，用赞美的话赢得了客户的认同之后，卖产品时就不用说多少了，客户觉得你这个人够意思，就会买你的产品。因此，看似迎合他们，没有多说产品是走了弯路，其实并非如此。遇到炫耀型客户时，销售人员要这样做：

1. 客户讲话时要认真听

炫耀型的客户一般也都是喜欢讲述自己那些与众不同的或是有亮点的经历的，这时候，销售人员一定要认真听他们说，还要表现出陶醉其中的样子。如果销售人员表现出不耐烦的情绪，那就很糟糕了。炫耀型的客户如果发现你有不耐烦的表现，会觉得很没面子，认为你这个人不怎么样，也不会买你的产品。

2. 多说恭维的话，即便是在倾听时

遇到炫耀型的客户，说恭维的话是一定的了。但需要注意的是，在倾听的时候也要注意说出你的恭维，不能什么都不表示。我们知道，在你讲述的时候，如果你的倾听者什么反应都没有，那种感觉也是很不好的。如果你什么都不说，客户很可能以为你在开小差，没有认真听他说话。因此，无论他是在讲他的故事还是什么时候，你都应该注意说些恭维他的话。

3. 有时候可以反其道而行之

我们都知道“请将不如激将”，遇到炫耀型的客户，如果说了很多恭维的话都不管用，你也不妨反其道而行，让客户觉得不买你的东西就很没面子。但是，使用这种方法一定要把握好分寸，否则有可能会激怒客户，闹出不愉快。

拿单秘诀

面对炫耀型客户时，销售员就不要吝惜自己那些恭维话了，一边倾

听他们“吹牛”，一边向他们表示出你的敬仰之情。当客户觉得你是一个合格的倾听者，他们的光环也已经充分展示了出来，他们就很愿意买你的东西了。

用真诚的建议打动犹豫不决的客户

陈洋到商店准备给自己的女朋友买一条围巾作为他们认识一周年的礼物，但是他从来没有戴过围巾，也不知道该给自己的女朋友买什么样的围巾才合适，所以心里还有点紧张。

陈洋："你好，我想要给我的女朋友买一条围巾，可是我不知道买围巾是不是有什么说法，应该给她买什么样的？你能帮帮我吗？"

销售员："很高兴可以帮助你。我可以问一下你女朋友喜欢穿什么样的衣服吗？她的皮肤是偏白还是偏黑呢？"

陈洋："她一般喜欢穿那些颜色比较淡雅的衣服，淡蓝色啊、淡绿色啊、粉色啊这种，皮肤比较白。"

销售员："我知道了。如果是这样的话，你可以看看这边的几款围巾，它们的样式很新颖，是今年的新款，颜色也朴素，应该适合你的女朋友。"

陈洋："这几条围巾确实挺好的，不知道你这里还有没有其他好看的围巾呢？"

销售员："如果这几条不满意的话，那边也有几条颜色比较淡雅的。你看，这条蓝白格子的就挺好看的，能体现出优雅的气质。"

陈洋："我觉得看过的这几条都挺好看的，但是我不知道应该买哪一条好。"

销售员："看得出来你是一个非常体贴的男朋友，你自己来给女朋友买围巾，也是想给她一个惊喜吧。既然你也不知道该选哪一条，不如我站在女生的角度上，再给你出出主意吧。我觉得你女朋友虽然喜欢淡雅的衣服，但毕竟是个女孩子，其实这一条有红色花朵，底是白色的围巾就挺好的。你看这些花朵虽然都是红的，但并不显得十分扎眼，而且这白色的底，整体上衬托显得还很是清新脱俗，你觉得呢?"

陈洋："你说得很有道理，就买这一条吧，真是谢谢了。"

经典实例解读

陈洋没有戴过围巾，也从来没有买过，这一次是给自己的女朋友买，更让他感到紧张，因此在挑选的时候犹豫不决。面对这样的客户，销售员的表现非常沉稳，用肯定的语言、真诚的态度，成功打动了陈洋，赢得了他的信任，也帮助他下定了决心，最后完成了交易。

拿单要点解析

客户因为对商品的知识比较少，很多情况下都会犹豫不决，面对这样的客户，销售人员一定要真诚地帮助他们。只有真诚才能够打动客户，让客户从犹豫不决中走出来，做出最终的决定。要表现出真诚，销售人员就必须结合客户的实际情况进行分析才行。那么，在具体的销售过程中，销售人员要怎么做呢？

1. 一定要以事实为依据

当遇到犹豫不决的客户时，销售人员千万不要为了自己多赚钱，给客户提供一些不适合他的建议。如果是那样的话，一旦客户察觉，他们就绝不会再信任你，更不会买你的产品。不要觉得客户什么都不懂，其实如果是不走心的建议，一般人还是可以感觉出来的。销售员要结合客户的实际情况，真诚地提出有价值的建议，才能赢得客户的信任。

2. 直白表述，表达到位

因为客户对产品懂得少，所以销售人员在表达自己的意思时，一定要确认你的意思能正确被客户理解。千万不要你说的是这个，客户却理解成了那个。这种情况会经常发生，所以不可以掉以轻心。内行和外行之间的对话，尽量越直白越好，这样客户才能真正听明白。

3. 让客户自己决定

不管客户是不是犹豫不决，是不是不在行，销售人员都要记住一点，不能帮客户做决定。客户是买家，买不买的决定权始终应该是在客户的手上。无论销售人员提了多少建议，那始终是建议而已，只是供客户来参考的。销售人员不能越俎代庖，最后还是要让客户自己拿主意。

拿单秘诀

客户在犹豫不决的时候，需要得到销售人员的帮助。这个帮助应该是真诚的，是充分考虑到客户的具体情况的。销售人员如果换位思考一下，设身处地去为客户着想，就一定可以提出最有建设性的意见，也能赢得客户的信任，打动他们，拿下订单了。

标新立异的客户都喜欢有个性的产品

一个打扮非常时尚的女孩走进一家帽子专卖店。她在摆放帽子的货架前看了一会儿，在一款很独特的白色绒毛帽子面前停下了脚步。售货员赶紧迎上前去，跟她打招呼。

销售员："您好，您是要买这款帽子吗?"

女孩点点头："我觉得这个帽子很特别，不像其他帽子，都显得那么俗气。"

销售员："您真是太有眼光了。这款帽子的设计与众不同，是冰雪节纪念版礼帽，配合您这超白的肤色，一定能让您看起来像白雪公主一样美丽动人。如果您不相信的话，可以戴上试一试，一定非常漂亮。"

女孩把帽子戴在头上，到旁边的落地镜上照了照，还摆了几个姿势，觉得非常满意："真的很漂亮，我就要它吧。"

销售员一边拿袋子，一边说："姑娘你的眼光真是太好了，这款帽子可是卖得很火呢。"

"什么？很多人都买它吗？那我就不要了。"女孩忽然说道。

销售员一愣，随即就明白了，这个女孩一定是那种喜欢标新立异的客户，她喜欢自己的东西与众不同，一听说这帽子卖得很火，就不想要了。想到这里，连忙改口："姑娘你别介意啊，我是做销售员的时间长了，说惯了嘴。一般卖出东西时，我都会这么说一句，夸顾客的眼光好，其实这款帽子是新款，还真没人买，您这是第一个。”

女孩听完，这才满意地点点头：“既然这样，那好吧，你不用包了，我直接戴着出去就行了。”

经典实例解读

本来好好的，销售员的一句话就能让女孩的态度发生一百八十度的大转弯，这就是标新立异的性格在作怪。好在销售员很快发现问题的所在，知道标新立异的客户喜欢那种独一无二的特殊感觉，所以赶紧改口，这才使生意最终达成了。

拿单要点解析

现在有不少人都追求个性，喜欢彰显自己的独特，不愿意和大众保持一致，这就是标新立异型的人。而在这些人当中，年轻人占了大多数。当遇到这种标新立异型的客户时，销售人员应该尽量展现出商品的与众不同之处，什么另类的、前卫的、特殊的，这些特点都展现在他们眼前，他们就愿意购买了。具体来说，销售员应该这样做：

1. 以推荐新鲜的产品为主

标新立异的人喜欢新鲜的东西，所以销售人员要把最新潮的东西推荐给他们。现在无论是哪个行业的产品，更新换代都特别快，刚刚推出的东西，过不了几天就不新鲜了。因此，销售人员就更要将自己最新进来的、最独特的产品介绍给他们，才能让他们满意。

2. 别说很多人都喜欢

通常在推销产品的时候，销售人员都会说这个产品卖得非常好，人人都喜欢之类的话。但是，一定要注意，遇到标新立异的客户时，这种话就不要说了，越说这种话，他们越不愿意买。例子中的女孩就是很好的证明。遇到这种客户，要让他觉得你的东西没人买，他才愿意要。

3. 认同客户的审美观

一般标新立异的客户，审美观和普通人是不一样的。这时候，销售人员一定不要排斥他们的审美，认为他们是非主流什么的，否则，客户就不愿意买你的东西了。销售人员应该从客户的审美观出发，推荐那些有可能符合他们审美的产品，并表示赞美。

拿单秘诀

标新立异的客户只是思维上和一般人不同而已，所以销售人员应该明白他们的思维方式，推荐他们那些新奇的产品。除此之外，还应该在思想上表现出认同，这样他们就更愿意买你的东西了。

第八章

嫌货才是买货人，从拒绝中发现成交契机

很多销售人员在销售过程中，可能都碰到过这样的问题：客户总是对商品挑三拣四，这里不行，那里不好。很多销售人员在听到客户挑剔的话时，心里往往会觉得不舒服，对待客户也就会冷淡很多，更有甚者，会直接拂袖而去，不再理会客户。

这种做法是非常错误的。客户挑剔有着两种可能：一种是真心觉得产品存在不足；另一种则是存在买的意向，想要通过挑剔来压低价格。

无论是哪一种情况，其实都向销售人员发出了这样一个信息：他对你的产品感兴趣。

嫌货才是买货人，作为销售人员要善于从拒绝中发现成交的契机。

客户的异议是成交的信号灯

某家电公司有两名销售员A和B，两名销售员受公司委派，去推销一款价格昂贵的电视机。结果，销售员A没有签下一个单，而销售员B则满载而归。

为什么会出现这样的情况呢？原来，销售员A为了能够成功推销出自己的产品，凭借三寸不烂之舌将自己的产品吹嘘得天花乱坠，很多客户对此都持有怀疑的态度，不是借口价格太高而婉言拒绝，就是说要再考虑考虑而进行敷衍。因此，销售员A到最后也没有卖出去一件产品。

反观销售员B呢？他在进行推销之前就已经做了充分的市场调查，知道客户普遍认为该款产品售价较高，想要成功把该商品推销出去，就必须采取一定的策略。于是，销售员B在向客户推销该款产品之前，总是先向客户介绍一款更高档价格更高的电视机。客户提出价格方面的异议之后，销售员B才会向客户推荐自己真正想要销售的电视机，并对客户说："既然你觉得那一款太贵，我们还有这一款，这一款电视机在功能上也很先进，但是价格相对优惠不少，您是不是考虑一下？"

因为之前已经拒绝过销售员B，很多客户往往会觉得对方这么热情，而且已经做出了让步，自己也不好再拒绝他接下来的请求。于是，不少客户都购买了销售员B的电视机。

经典实例解读

俗话说“买的没有卖的精。”销售人员在进行销售的过程中，只有比客户多想一步，才可能获得更多订单。

在上述案例中，销售员 A 与销售员 B 同时销售同一款产品，为什么会出现截然不同的结果。最大的原因就是销售员 B 在进行销售之前已经预知了客户的异议，并将这种异议当成了成交的信号，提前做好了准备。

兵法上讲“有备无患”“不打无把握之仗”，销售的过程其实就是在打仗，销售人员只有做好了充分的准备，有效解决客户的异议，才能促成交易的达成。

拿单要点解析

嫌货才是买货人，一笔订单从开始谈判到成功签订，整个过程中，客户不可能没有任何异议，任你牵着鼻子走。这就需要销售人员懂得见机行事，尊重客户的异议，并针对客户的异议做出改进。

1. 理性对待客户的异议，客户的异议是你主攻的方向

客户提出异议的地方，往往是你需要改进的地方，是客户不满意的地方，针对客户的异议找到主攻方向，你才能快速搞定客户，拿下订单。

2. 以退为进，让客户不好意思拒绝

客户在购买东西的时候，往往会货比三家，在比较的过程中往往就会提出不同的意见，面对客户的不同意见，销售人员可以进行适当的让步，比如，你可以这样说：“哦，您觉得这款比较贵，那么您瞧瞧这一款呢?”客户在连续拒绝你几次之后，往往就会产生这样一种心理：人家这么热情，我不买点什么，多不好意思。很多时候订单就是这样完成的。

拿单秘诀

在销售的过程中，一锤子就敲定的买卖很少。大多时候都会有一个讨价还价的过程，客户会提到这样那样的不同意见。面对客户的不同意见，销售人员要做到迅速反应，敏捷决断，在最短的时间内打消客户的疑虑，让客户对你的产品买账，进而购买你的产品。

在拒绝中发掘客户的真实需求

一位顾客走进了某汽车店里。

销售员小王走过去说："您好，请问我能为你做些什么？"

客户："了解一下××车型。"

小王："您真是有眼光，××车型是今年卖得最好的了。"

客户："可是××车型很耗油啊！"

小王："您说的××车型油耗高，是前几年的车型吧，那款车型油耗是有点儿高。但您了解现在这款车型油耗是多少吗？"

客户："不知道。"

小王："2.4升排量，实际综合油耗9升。"

客户："哦！是真的吗？"

小王："是的，很多客户听到这个数字都觉得不敢相信，但他们在看过发改委对207种车的实际油耗统计就相信了。您不相信我，总得相信权威部门的统计吧？"说到这儿小王故作神秘地问："您知道该款车油耗为什么这么低吗？"

客户："不知道。"

小王："这是因为我们这款车安装了最先进的动力系统。"然后小王开始向客户介绍发动机和变速箱，让客户认可了先进的动力系统导致油耗低这一事实。

随后小王又向客户介绍了该车的安全性能与保护装置，客户边听边点头，最终和小王签订了订单。

经典实例解读

客户在刚开始询问某款车型的时候，是存在质疑的，潜意识里对某款车型采取的是拒绝的态度。小王从客户的态度中发掘出了这样的信息：客户想要买车，但担心油耗太高。

抓住了这个重要信息，小王以新款车型油耗低为切入点，瞬间就吸引了客户的好奇心。接着小王又通过介绍该款车型的先进动力系统赢得客户认可，最终赢得了订单。

拿单要点解析

1. 冷静看待客户的拒绝，学会从拒绝中挖掘出客户的真实意图

客户会来选择产品必定是需要某件产品，所以对他想要购买的产品不会无缘无故地拒绝。客户的拒绝多数情况下都有他自己的考虑，销售人员要做的不是生硬地向客户推销自己的产品，让客户来接受自己的东西，而是要多替客户考虑考虑，客户的疑虑打消了，自然就会接受你的产品。

2. 学会利用客户的拒绝

很多时候客户会拒绝某件产品往往是在产品的价格与性能方面存在争议，销售人员如果能够学会巧妙利用客户的这种心理，就能打开全新的销售局面。比如，当客户对价格提出异议的时候，你就可以提供给他

价格更优而性能也相对不错的产品；客户对性能产生疑问的时候，你就可以推荐给他价格相对较高，但性能更为优越的产品。

拿单秘诀

销售人员要具备“胆大、心细、脸皮厚”的特质，即大胆向客户推销你的产品，细心发现客户的购买需求，不要害怕客户的拒绝。销售人员能够做到这三点，就没有拿不下的订单。

去伪存真，过滤“杂质”听出客户的真实心声

小方是某学习机品牌的销售代表，他经常会通过朋友的介绍认识一些新客户，并对这些客户进行家庭走访。

一日，小方走访侯先生，根据小方了解的信息，他知道侯先生有一个上初中的女儿，女儿学习成绩中等，同时还报了两个特长班，这在一定程度上就会影响到她学习时间的安排。

针对客户遇到的问题，小方慢慢询问，有意引导，终于让侯先生意识到了女儿目前的状态。小方认为女孩的学习底子不错，但一家家去那里上课太浪费时间，同时也很不方便，不如利用学习机强大的资源支持平台，采取在家自学的方式更见成效。

小方对整个销售过程都把握得非常好，侯先生对产品流露出了一定的兴趣，小方心里很自信这一次一定能够拿下这个单。

谈话即将结束的时候，侯先生问小方：“产品功能方面还不错，但产品的售后服务怎么样啊？”

小方赶紧说：“我们公司的产品售后服务严格执行国家的三包政策——产品出现任何性能方面的故障，七天内包退，十五天内包换，一年以内保修，一年后给予维修。”

侯先生听完后，哦了一声，然后说：“好吧，如果我有需要会联系你的。”

小方能够明显感觉到侯先生似乎一下子冷淡了很多，而这之后，小方就一直没有接到过侯先生的电话。

问题究竟出现在了哪里呢？

经典实例解读

客户想要的售后服务并不是小方所说的"保修政策"，而是包含了更多服务层次的东西。小方浅薄地将客户所提到的售后服务理解为"保修政策"，从而导致了客户对售后服务这个环节感到了不满，使客户拒绝了本可以达成的订单。

拿单要点解析

客户在购买商品的过程中，每一句话都蕴含着丰富的潜台词，这就需要销售人员多花一些心思来参透客户的心理，根据客户的心理来巧妙回答，这样才可能提高签订订单的概率。

1．销售人员要提升自己的服务理念，着眼长线战略而不是只顾眼前利益

对于客户来讲，他购买一件产品，并不仅仅想要购买它的功能价值，更想要得到它的附加价值。这种附加价值往往是由销售人员来提供的，比如，热情周到的服务。

客户会有这样的心理是非常正常的，毕竟很多客户都有过失败的购物体验，没付钱之前是上帝，付完钱就没有人管了。

作为销售人员，想要快速达成订单，就要解开客户心中的这个结，让客户放心、踏实了，客户才会买你的账，购买你的产品。

2. 学会站到客户的角度去思考问题

很多销售人员在销售过程中经常会犯一个错误，就是急于把自己的商品卖出去，结果面对客户的一些挑剔和质疑，就会不耐烦。这很容易让客户做出不买的决定。

毕竟，客户要购买某件东西大多时候是确实需要这件东西，而在付出金钱的代价的时候，任何一个人都不愿意自己付出的金钱打了水漂，严谨一些是情理之中的事情。作为销售人员，要多替客户考虑一些，站到客户的角度去思考一些问题，这样客户才愿意与你交谈，你才有可能把你的产品推销出去。

拿单秘诀

销售是一门技术活，不仅考验销售人员的专业技能，还需要考验销售人员的软实力。这就需要销售人员在销售过程用心倾听客户的话，从客户发出的信息中“过滤”出自己最需要的信息，针对这些信息给予客户反馈，就能获得客户百分百的满意，从而成功拿下订单。

客户的哪些异议需要忽视

一位看起来事业有成的中年男士进入了一家汽车公司，相中了一款车型。当他观摩了一会儿之后，忽然向销售员小孙发难："你们××车中控锁怎么这么难看，人家伊兰特的门锁都是隐藏式的。"

小孙之前没有遇到过类似挑剔的客户，于是小孙采取了一招经常使用的方式，重组客户的问题。

"您的意思是说我们的锁芯太长了么？"小孙试探着问。（与此同时小孙的大脑里飞速地联想到自己平时锁车门的场景：每次锁车门时，都会看到锁芯自动陷下去，这样有种目视化的感觉，小孙灵光一闪已经有了应对之策）。他对客户说："这个设计是我们特意为客户考虑设计的。在我们用遥控锁车的时候，很多用户经常会担心万一车锁失灵锁不上怎么办。虽然这种事情发生的概率很小，但事情总有万一。我们这款车型的中控锁特意把锁芯做成客户能够明显看到的样式，让用户能够清楚地看到门锁被锁上了，隐藏式的中控锁显然做不到这一点。"

"你说的有几分道理，但如果小孩子在后面玩，那岂不是很容易拔出来，这很危险。"客户还是有些担心，提出了自己的异议。

小孙笑道："这你完全不用担心，我们早就已经替您想到了，您看，这里还有一个儿童安全门锁。您坐进去，我在门外给您操作一下。”（说着，小孙就引导客户坐了进去，把门关上。其实隐藏式的门锁只不过是在外面看不到而已，孩子还是可以在里面将门锁拔开。但是现在，问题的重点已经不是隐藏式不隐藏式了，而是孩子的安全，这就让小孙与客户之间有了新的话题。）

小孙问：“您在里面可以打开车门吗？”（肯定打不开的。）

小孙打开车门后对客户说：“您看，只有您将车完全停稳，下车的时候你在外面才能将车门打开。这样孩子的安全就得到了极大的保证，您看，你对这款车型的配置还满意吗？”

客户满意地点点头，订单顺利成交。

经典实例解读

小孙在向客户推销汽车的过程中，客户曾几次提出异议，但都被小孙巧妙地应付过去了。客户先是说显性的中控锁不好看，后来又质疑产品的安全问题。小孙通过为自己的产品制造优势，忽视了客户的异议，为客户创造了新的话题，这就在一定程度上促进了订单的达成。

拿单要点解析

客户在购买的过程中，总会提出一些异议，作为销售人员要学会区别对待客户的异议，客户有些异议需要谨慎应对，有些异议则是可以忽略，具体来说，销售人员该怎么做呢？

1. 客户确实在意的部分需要谨慎应对

客户在购买某件产品的过程中，如果对某个部分特别在意，比如，觉得价格高或者是性能不好，销售人员就要通过各种销售方式来打消客户的疑虑。在订单达成过程中，客户觉得价格高或者是性能不好，这是客户非常在意的问题，销售人员不能忽视。因为即便销售人员想要忽视，客户也会咬住这些问题不放，与其和客户干耗着，还不如转换思路，换一种客户能够接受的产品。

2. 客户不是十分在意，销售人员能够通过转移话题让客户忘记的部分，可以忽视

就像案例中的小孙一样，当客户提出中控锁不好看这个细节问题的时候，他可能只是随口一提，并不见得是瞧不上这款汽车。小孙通过与其他汽车的对比，让客户了解到了该款车型这样设计的原因，并通过转移话题，最终获得了客户的认可，拿下了订单。

拿单秘诀

做销售就像是在打仗，攻心为上。客户对产品挑三拣四可能是想要压低产品的价格，作为销售人员，心里一定要十分清楚客户哪些异议是可以忽视的。比如，客户对产品一些无关紧要的细节提出的一些异议，销售人员就可以忽视。懂得哪些是客户最关心的，哪些是客户无意提起的，就能最大限度地提高搞定订单的概率。

如何处理客户在价格方面的异议

张老板在家居建材城经营着一家实木地板专卖店，因为地理位置较好，经常会有客户来这里观看产品、询问品牌、研究质量、比对价格，张老板也总是能够做到热情相待。

一天，店里来了一位中年人，看样子像是要为乔迁新居购买地板。

张老板上去招呼道：“你好，需要木地板吗?”

客人：“是的，都有什么品牌的?”

张老板介绍道：“我们主要经营实木地板。我们的实木地板品牌很多，价格挑选的空间也很大。当然，最关键的是，我们的实木地板是天然木材经过烘干、加工后制作而成，所以，它能呈现出天然的原木纹理与色彩图案，给人以柔和自然的质感。另外，天然实木地板还具备冬暖夏凉的特质，是很不错的装修材料。”

客人：“你说得倒是很不错，但是这个价格看起来很贵呀!”

张老板接着说：“一分钱一分货，像你这样事业有成的男士，不会因为价钱原因而考虑复合地板吧?”

客人想了想：“复合地板倒是比木地板更好保养一些。”一边说着，客人转身想要离开。

这时张老板说道：“复合地板是比实木地板便宜些，但复合地板怎么能够像实木地板这样凸显出您的成就、地位和品位呢？”

客人听了这话，停住脚步，再次观望起店里的实木地板，越看越觉得这实木地板和自己的身份很相配，最终，客人选择了购买张老板的实木地板。

经典实例解析：

张老板能够拿到订单的关键原因是什么？是懂得将自己的产品进行差异化凸显。实木地板做工复杂，成本高，最大限度地保持了木材的原生态，单就这份复杂的工序就足以成为成功人士所追求的身份象征。

作为销售人员，不应该将没有达成订单的责任推给客户，因为很多客户消费理念都是根深蒂固的，不会轻易做出改变。想要客户做出改变，销售人员必须有意地对其进行引导，让客户慢慢认同你的消费理念，订单才可能达成。

拿单要点分析：

出售同类产品，客户为什么选择别家而不是选择你家？客户这种无意识的动作中往往就透露出了一种信息，那就是你在销售技巧方面存在不足。挖掘自己失去订单的原因，弥补自己的不足，你才能获得越来越多的订单。

1. 掌握销售技巧，一张口就打动人心

张老板在介绍产品的时候先是指出了实木地板的好处，接着有意去引导客户将实木地板与复合地板进行对比，将实木地板上升到一种地

位、品位、成就的层次。这种说法很容易就能引起客户的购买兴趣，进而打开客户的钱包，让客户为张老板的产品买单。

2. 强化竞争对手的劣势，让客户记住你的优点

客户在购买某件商品之前，往往会货比三家，如果在这个过程中，你不能将自己产品的优势凸显出来，那么客户很容易就会忘掉你的产品。想要客户记住你的产品，一定要在第一时间让客户了解到你产品的优势，知道你比别人强在哪里。

拿单秘诀

每一项订单的取得都不是一件容易的事情，需要销售人员多花费一些心思。设置问题圈套，让客户在第一时间就了解到你的产品优势以及竞争对手产品的劣势，客户才能快速做出判断，顺利和你签单。

客户对产品有过不良消费体验如何处理

乔治是一个平平无奇的推销员，靠着借来的500美元创立了一家化妆品公司，15年后乔治就成了一个拥有8000万美元资产的大老板。

他是如何获得成功的呢?

最初，乔治经人介绍进入一家著名的化妆品制造公司做推销员，该公司的主营业务就是制造黑人专用的化妆品。乔治进入公司后被派到了黑人聚居的地区推销产品。

当时，黑人对化妆品并不感兴趣，而且之前有使用一些化妆品的不好体验，这也让他们对化妆品推销员非常抵触。

乔治明白，要想让这些黑人妇女购买自己的化妆品，必须要让她们体验到化妆前后的明显差别，激发她们想要化妆的欲望。

如何刺激她们的消费需求呢? 乔治推出了一种“先试后买”的手段。顾名思义，“先试后买”就是让客户先试用，感觉好了再来购买，不好就不必掏钱买单。这样做需要冒一定的风险，乔治不敢擅自做主，于是就向公司请示，希望获得批准。公司答复他说，只要能把产品卖出去，采用什么方式由他自己决定。

乔治决定放手一搏，按照自己的想法来销售化妆品。

他先是租了一架手风琴，然后在黑人聚居的界面铺开了摊子，自拉自唱了几首流行歌曲，等人们聚拢过来之后，便开始对化妆品进行详细的介绍，并请大家随便试用。

一听说是免费的，很多黑人妇女开始擦胭脂，涂口红……

渐渐地，乔治打开了黑人区的化妆品销售局面。一个月之后，这种推销方式开始初见成效，那些使用者们渐渐迷上了化妆品，感觉自己再也离不开化妆品了。她们觉得化妆品让她们变得更加年轻，更加美丽了。这样的效果，哪一位女性能够拒绝呢？于是，很多黑人妇女宁可减少其他方面的开支，也会把资金省下来购买化妆品。

经典实例解析：

天下没有免费的午餐，所有免费的东西，最终都会成为最贵的。免费试用尤其如此，销售人员如果在销售过程中能够用好免费试用这张牌，往往能取得意想不到的效果。现实生活中，我们经常能够看到这样的场景，在一些商城、超市，会有一些商家搞试吃、试用活动，结果很多消费者“吃人家的嘴软、拿人家的手软”，到最后都会多多少少买一些回去。乔治的营销之道也是如此，让大家免费试用，大家试用了感觉不错，再加上一些“欠债”情结，多数人就会购买乔治的产品。

拿单要点分析

1. 唤起客户兴趣，让客户欲罢不能

兴趣是促成成交的第一要素，销售人员要懂得从客户的兴趣入手，

在第一时间就抓住客户的痛点，让用户欲罢不能，这样才更加有利于订单的成交。比如，在互联网时代混得风生水起的小米，就用超高的性价比第一时间吸引了用户，用户在使用的过程中再享受到良好的用户体验，就会对产品产生一定的忠诚度，最终成为这个品牌的忠诚粉丝。

2. 以消费者为导向，不要为了推销而推销

任何一个人都不喜欢被强迫接受什么，消费者更是如此，作为推销人员要时刻把握住一个要领：绝对不要为了推销而推销。正确的做法应该是以消费者为导向，给消费者一个购买你产品的理由。比如，物美价廉；比如，消费者确实需要等等。

拿单秘诀

那些对产品有过不良体验的用户，很难对类似的产品产生足够的信任，这就需要销售人员学会换位思考，站到消费者的角度去思考问题。只有学会了站到消费者的角度去思考问题，销售人员才能明白什么样的用户体验是最好的；只有消费者体验到了产品的好处，才会接纳某款产品，认可某个产品。

第九章

解读顾客成交信号，秒杀订单

作为销售员，最基本的一项技能就是能够识别顾客发出的成交信号，只要具备了这项技能，才能在适当的时机准确无误地提出成交请求，进而秒杀订单。那些业绩过人的销售员，都是靠着这项技能秒杀订单的。所以，销售员一定要学会这项技能。

顾客对产品提出质疑

小玲高中毕业后没有考上大学，便做了一名销售员。虽然她还不到20岁，但是积极好学，热情活泼，脾气又非常好，接人待物极有耐心，这种优良素质使她很快就适应了销售员的工作，并干得风生水起。

一天，她们公司新推出了一款儿童产品——3D彩色橡皮泥，为了拓展市场，小玲带了一些样品上门推销。

首先，她来到公司附近的一个小区，决定先打开这个小区的市场。进去小区后，她看到小区的休闲广场有一位女士在带孩子玩捉迷藏。便走到这位女士面前说："你好，打扰一下，我是××儿童玩具公司的市场推广员，我想给您介绍一款3D彩色橡皮泥……"

小玲还没有说完，女士就打断了她的话，语气生硬地说："我不需要。"

但小玲仍然保持着自己甜美的微笑："能告诉我您为什么不需要吗？您看你的女儿多漂亮乖巧啊，现在应该正上幼儿园吧，这个年龄的小孩子都非常爱玩橡皮泥的。"

女士仍然无动于衷，从牙缝里挤出几个字："我已经给她买了橡皮泥了，请回吧。"

如果是别的销售员，估计此时就要放弃推销了。因为顾客的拒绝意图已经非常明显了。但小玲作为一个优秀的销售员，她并没有轻易放弃，她继续笑着说："我推荐给您的这种彩色橡皮泥和市场上一般的彩色橡皮泥不一样，一般的彩色橡皮泥味道较大，但我们的产品是韩国配方，对小孩没有刺激作用，没有异味，而且还是3D立体的，绝对物超所值。"

客户的神色有所缓和，但仍然严肃地说："销售员怎么可能说自己的产品比其他产品差呢？我凭什么相信你？你们是哪个厂家的？"

客户这一连串提问，让小玲意识到成交的机会来了。小玲说："您有这种顾虑也是应当的，您尽管放心，我们是国家批准的正规厂商，至于这款产品，您完全可以现场试玩，然后再决定买不买。"事情的结果可以预料，小玲最终卖出了两款橡皮泥。

经典实例解读

小玲无疑是个非常优秀的销售员，其身上良好的抗打击素质是所有销售员都应该学习的。在客户接连两次无情地拒绝后，小玲依然选择坚持。当客户对产品质量提出质疑后，小玲敏锐地意识到销售有了转机，如果再进一步推销的话，那么就很有可能拿下这个订单。果不其然，小玲趁热打铁，在适时推销的过程中解决了客户的各种疑问，最终顺利拿下了订单。

拿单要点解析

销售员在推销产品的过程中，如果客户提出异议，不要泄气，这正是成交的转机。一般来说，在推销的过程中，客户会对产品提出各种质疑，比如产品质量理不理想、厂家正不正规、价格是不是过高、售后服务是不是有保障，等等。这些问题是质疑，同样也是成交的契机。

一般来说，当客户对产品产生怀疑的时候，销售员可以从下面几个方面着手，打消客户的质疑，拿下订单。

1. 展示相关的产品质量证明

面对客户对产品质量或加工过程的质疑，展示出产品的相关证明是对他们最有力的回击。一般来说，喜欢对产品提出质疑的客户，他们可能对产品有相关的了解，所以才会提出质疑。这时候一切空洞的话语都是无用的，销售员只有拿出实实在在的“证据”才能让他们欣然接受。这就需要销售员在推销时带齐相关的材料，以防不时之需。

2. 态度要真诚和蔼

很多销售员对于客户提出的质疑会很恼火，但是客户就是上帝，即便心中恼火，也不可表现出来，言语上仍然需要真诚和蔼地与客户交谈。如果表现出恼火的情绪，那么就会导致谈判无法进行下去，这样一来就彻底失去了签单的机会。其实，要做到态度真诚和蔼很容易，销售员只要转变思维，把客户的质疑当成签单的前奏就可以了。

3. 强化产品的优势

俗话说，一好遮百丑。销售员在发现成交信号时，对于客户的质疑不可钻牛角尖，如果客户的质疑不是很重要的问题，那么不妨来一招避轻就重。也就是说，用产品优势来打动客户。

如果产品的某项优势恰巧能满足客户的某个利益点，你就要根据客户的利益点，在介绍产品时强调其独特的优势。尤其当客户提出自己对产品的期望值时，销售员应该及时利用产品优势对客户进行劝说，让客户感到产品优势对自己的重要性。

拿单秘诀

“他问了就说明他想买”，世界著名的营销大师米尔顿曾经这样说过。因此，当客户对产品提出质疑时，就说明这是一种成交信号。但如果销售员无法很好地解决客户的质疑的话，那么依然会失去这个客户。所以，销售员一旦发现成交信号，就要竭尽全力打消客户的质疑。

顾客表情由冷淡、拒绝变为热情亲切

张晓柳是一个服装销售员。一天，店里来了一位顾客，张晓柳赶忙迎上去微笑着说："你好，欢迎光临，我们店里的衣服都是刚进来的新款，非常时尚，你一定会喜欢的。你不妨先穿上试一试，我们店里可以免费试衣。"

虽然张晓柳非常热情周到，但这个女顾客依然面无表情，听完张晓柳的话，脸上冷冰冰的，只是用眼扫了一眼张晓柳。张晓柳作为一个资深导购，并没有因为顾客的不礼貌行为而生气，她脸上依然展现着谦和的笑容。

顾客在店里转了一会儿，看中了一件衣服，于是就拿过来，在自己身前比了比。张晓柳急忙说："这件衣服确实很时尚漂亮，你穿上一定很好看，可以穿上试一试。光比试是体验不出漂不漂亮的。"

顾客依然面无表情地说："不用了，我再看看。"张晓柳根据顾客的表现，觉得她不会是个潜在客户，只是出来瞎逛打发时间而已，并没有买衣服的打算。于是决定放弃这个顾客。正当张晓柳打算放弃时，顾客又挑选了一件衣服，在比试了一番后说："这件衣服的袖子怎么这么长？"

见到顾客开口，张晓柳知道机会来了。张晓柳看了看顾客挑选的那件衣服，以她的专业眼光看来，这件衣服在这位顾客身上穿着非常合适，袖子也不长，所以就说：“我觉得你穿这件衣服很合身，袖子一点也不长，如果再短的话，你的胳膊弯曲时就会露出一大截手臂，现在这样正好合适……”

虽然张晓柳解释了半天，顾客还是说：“可是我总觉得袖子长。”不过态度已经没有前期那么冷淡了，说话的语气也比刚才亲切了不少。张晓柳觉得只要自己再争取一番，就一定可以拿下这个订单。毕竟，这个顾客肯定是喜欢这件衣服的。如果不喜欢，就不会如此一直纠结袖子长不长这个问题。

张晓柳沉思了一会儿，说：“我对衣服很了解，我是真的觉得你穿着它，袖子正合适。要不这样吧，这件衣服我给你七天的试穿期，七天之内，如果穿着一直觉得袖子太长，你随时可以找我来退货。我给你写个保证书，你看怎么样？”

顾客一听，觉得这样自己肯定不吃亏，便答应了张晓柳的条件，买下了这件衣服。并且，七天后她也没有来退货，因为袖子确实如张晓柳所说的那样，正合适。

经典实例解读

按常理来说，顾客一开始的态度和不礼貌行为会让每个人都很生气。但优秀的销售员往往不会生气，因为她们有高于常人的心理素质。顾客一开始态度很冷淡，张晓柳并没有过早地放弃这位客户，而是一直在寻找转机。

作为一名资深导购，张晓柳深知顾客一旦发出潜在的成交信号，就是自己雷霆行动之时。所以当顾客开口说话、态度由冷淡变得亲切的时候，张晓柳就迅速抓住一切机会进行推销，排解顾客的异议，最终彻底打消顾客疑虑，拿下了订单。

拿单要点解析

从事销售这个职业，几乎每天都会遇到被客户冷眼相对、无情拒绝的事情。一个越是成功的销售员，遇到这种事情的次数就越多。但是，在很多情况下，客户的冷淡、拒绝背后都潜藏着成交的机会。优秀销售员和普通销售员的区别就在于，前者能看到机会，后者只看到拒绝。

无疑，顾客表情由冷淡、拒绝变为热情亲切，是一个很明显的成交信号，至少和前期相比，成交的概率已经高了很多。那么，销售员如何才能让顾客表情由冷淡、拒绝变为热情亲切，这个才是最重要的问题。这一点解决不了，顾客的成交信号就发不出来。

要做到这一点，就需要注意下面几个原则：

1. 观念要正确

在与客户沟通中遭到客户冷淡地拒绝时，首先要把握以下几个观念：

（1）客户的拒绝是正常的，有拒绝才有推销；

（2）拒绝的背后潜藏无限的商机，要善于发现和把握；

（3）化拒绝为接纳、化危机为转机正是每一个销售人员必须具备的素质。

2. 要学会正确破解顾客表情冷淡

在与客户沟通中遭到客户冷淡地拒绝时，需要具备处理客户拒绝的能力。

（1）头脑冷静，态度积极乐观；

（2）认真倾听，不打断客户讲话；

（3）应答客户前谨慎思考，紧紧围绕销售目标展开；

（4）注意控制自己的情绪和言辞，不与客户展开不必要的争论；

（5）一定要实事求是，不要企图欺骗和蒙蔽客户。

3. 乘胜追击，顺着顾客的意图开展销售工作

当顾客的表情由冷淡、拒绝变为热情亲切时，说明顾客的心理环境已经发生了根本性的转变，这意味着销售已经成功了一半。这时候销售员一定要乘胜追击，顺着客户的意图开展销售工作，不可逆着顾客的意思或者冲撞顾客，这样将会错失好不容易争取到的成交信号。

拿单秘诀

在销售过程中，销售员只有懂得从客户的拒绝里，判断客户的需求、获取客户的资讯、体悟客户对我们的信任程度，并迅速调整销售策略，才能使其由冷淡、拒绝变为热情亲切，进而同意签单。

顾客肯定或称赞产品

黄丽是一家婴儿用品店的销售员。一天，一位年轻女士来到她的店里买纸尿裤。

黄丽："女士，您好，请问有什么我可以帮助您的吗?"

客户："我想为我5个月大的女儿买一箱纸尿裤，但不知道买哪种好。"

黄丽："这个啊，我完全可以给您推荐一种不错的纸尿裤。您看看，这是我们店里卖得最好的一种，您觉得怎么样?"

客户："这个牌子啊，前天我在同事那里听她们说过，说用着还不错。"

黄丽一听客户在直接称赞产品，心想这个订单肯定能签下，因为客户的购买意图已经很明显了。于是，黄丽接过客户的话头说："您说得太对了，这个品牌是一个大厂生产的，我们是这家厂商的独家代理，这个城市只有我们一家卖。今年这个牌子的纸尿裤卖得非常好，并且客户的好评率很高，很多客户都成了我们店里的回头客。不信您摸一摸，它的质地非常柔软细腻，孩子穿着很舒适。更重要的是，它的价格只是其他品牌的一半，用一句话总结就是好用不贵。我家孩子都用这个牌子，要不你先拿一箱试试，好用的话再来买。"

客户："好吧，先给我拿两箱吧，平时上班忙，不能经常过来。"

就这样，黄丽在不到 10 分钟的时间内，就顺利卖出了两箱纸尿裤。

经典实例解读

黄丽是个很优秀的销售员，当客户对产品进行了肯定和称赞后，她第一时间就发现了成交信号，并趁热打铁，说出了一连串的产品优势，还说自己的孩子也在用这种产品，从而给客户吃了定心丸，打消了客户的所有疑虑。最后，提出签单请求，顺利签单。

拿单要点解析

客户对产品提出异议时，是成交信号。那客户对产品提出赞美和肯定时，则是更加明显的成交信号。销售员一旦发现这种信号，就离签单不远了。只要采用一定的销售方式，就一定可以搞定这个订单。

1. 从客户的肯定或称赞中挖掘客户的需求

在客户对商品提出称赞或肯定的时候，客户不一定对产品有需求，他很有可能只是看到商品很有趣，或者是觉得商品确实不错。而每一个销售员都知道，能否抓住客户的需求才真正决定了销售的成败。

因此，当客户对商品给予一定的肯定或称赞的时候，销售员要善于把握住机会，及时地找出客户的需求，让客户将这种成交信号变成真正的订单。但是，有时候客户的需求很隐晦，把握起来非常不容易。那么，要怎么做才能够准确地把握客户的需求呢？

（1）认真倾听客户对产品的评价。

每个人在说话的时候都需要一个听众，需求也需要通过倾听来洞察。所以，在客户对商品给予肯定或称赞的时候，销售员要认真倾听客户的每一句话，并适时做出回应。比如，你可以说："确实，您的眼光真不错，很多人也这么说。"另外，在客户说话的时候，销售员要仔细斟酌，分析出客户内心深处的渴望。

（2）多提问题。

没有卖不出去的商品，只有不会推销的销售员。需求都是问出来的，当客户对商品表示称赞的时候，你可以向他询问："是产品的哪一点吸引了您呢？""这件产品能给您带来什么好处呢？"当你有意识地向客户问一些问题时，也许你就能在他的回答中找到想要的答案。

2. 要速战速决

当完成了成交前期的铺垫工作后，接下来就是正式进入成交环节了，也就是把客户的需求变成订单。销售员不可以在客户已经发出了签单信号后，仍然在产品或其他问题上说个不停。时间一久，就会让客户产生不耐烦心理，觉得这个销售员太磨叽了，就会拒绝购买。所以，当成交时机成熟后，应尽快提出签单的请求，因为这时候客户已经在心理上完全接受了产品，是最好的签单时机。

拿单秘诀

客户给予商品肯定评价时，对销售员来说，这常常就是一个成功的契机。这时候，销售员不能"欣喜若狂"，而要在适当地迎合客户的兴趣时，通过询问得知客户的真正需求，从而给予满足，这样才能更快地拿到订单。

顾客向销售员询问产品的具体情况

谢明是一家红酒器具公司的销售员，每天负责外出推销公司的红酒器具。一天，他听同事说街上有一家新开的酒吧，规模不小，但老板是个很难缠的人，先后有两个同事去过好几次，都没有推销出一套器具。

作为公司的销售冠军，谢明偏不信这个邪，他说自己一定要亲自会会这个老板。第二天，谢明便带着公司的最新产品去了。见到酒吧的老板后，一阵简单寒暄和自我介绍后，谢明便把话题切入正题，他说："老板，你这酒吧的生意不错嘛，这里的酒杯也都挺精致美观的。"

酒吧老板听了谢明的赞美，笑着说："还可以吧，承蒙各位客人的厚爱。不过我还是劝你别再推销你们的产品了，你有几个同事都来过，我确实不需要，要是需要的话早就买了。"

听到客户如此干脆的拒绝，谢明并没有向其他同事那样放弃推销，而是继续紧追不舍："你看你店里顾客这么多，总会有个不小心打烂酒杯的，你得有一些酒杯做备用才行啊。"

客户："这个我也考虑过了，不过现在真的还不需要。"

谢明掏出自己的产品，说："你看这套和你们店里的风格很搭配，价格也非常合理，你不再考虑下么？"客户又一次拒绝了。

谢明还是没有放弃，他继续挖掘老板拒绝购买的真实意图：“你对茶具的价格、款式都没有什么异议，那你是对哪些方面不放心或不满意呢？还是我介绍得不清楚？”这次客户说：“你们公司的产品有国家颁发的证书吗？质量有没有保障啊？”

听到客户的话，谢明嘴角露出了一丝不易察觉的笑意。因为他知道，客户已经动心了，成交的机会来了。这时谢明从手提包里拿出各种证书，说：“我们的产品不仅有国家颁发的证书，并且每一个酒杯都有独立编号，可以预防盗版。在这些方面你完全不用担心……”

经过谢明一番趁热打铁的推销，酒吧老板终于同意购买了。虽然只购买了4套，但相当于有了一个长期客户。

经典实例解读

谢明身上展现出来的锲而不舍的精神值得每一个销售员学习。缺乏了这种精神，就很难拿下这个订单，因为在客户的前几轮拒绝中，就已经败下阵来了。同时，谢明还是个非常聪明的销售员，他知道什么时候是客户心动的时候，知道在什么时候拿出杀手锏。所以，其他同事拿不下的订单，他拿下了。

拿单要点解析

一般来说，最可怕的客户是一句话也不说的客户，这样的客户基本上是不会发出购买信号的，所以销售员最怕和这种客户打交道，十之八九是无功而返。但是，如果客户向销售员询问产品的具体情况时，就意味着客户有些动心了。

比如，客户向销售员询问产品的交易方式、交货时间、付款条件、售后服务、具体的保养和维护方法、有无赠品等情况时，就意味着有了成交的可能，并且可能性很大。因为一个根本不愿意购买产品的人，是不会问这些繁复的问题的。所以，当销售员发现这种成交信号时，一定要抓住机会，拿下订单。

那么，具体应该怎么做呢？

1. 有问必答

客户提出的问题，都是自己最关心的问题。如果这些问题解决不了，客户就不会做出下一步的购买决定。所以，对于客户提出的每一个询问，销售员都必须仔细聆听，并详细回答。切不可露出不耐烦的情绪，或者为了省事，就随意敷衍客户。这样做的最直接后果，就是让客户心存疑虑或不满，进而终止销售谈判。

2. 实事求是，不可欺骗客户

有些销售员为了尽快把产品卖出去，在面对客户的各种询问时，总是挑拣最好的一面说，或者夸大其词，欺骗客户。殊不知，即便一时可以骗过客户，拿到订单，也会给自己的后期工作带来无穷的麻烦。当客户一旦发现自己受骗，就会找销售员的麻烦或者投诉，这对销售员和销售员所在的公司，影响都是非常恶劣的。

而如果客户对于自己询问的问题已经心中有数，销售员如果说了欺骗客户的话，客户马上就会发现，进而觉得销售员是个骗子或不真诚的人。大家说，客户会和这样的销售员做交易吗？当然不会。所以签单失败是肯定的。

拿单秘诀

当客户产生购买意向时，通常会通过一些询问来确定最终的成交事宜。所以，销售员要具备一定的领悟能力，时时刻刻注意客户的想法，仔细聆听客户的询问，并逐条落实。销售员只有明白客户的询问就是销售成功的指明灯，才会重视客户的询问，把其当成成交的机会。

顾客委婉地探究产品的最低价格

郑海涛在一家汽艇生产公司做销售员，虽然刚入行不久，但工作努力的他深得销售主管的喜爱，有好一点的业务，都会派他前去洽谈，为的就是给他更多的成长机会和业绩。

前不久，公司研发出了一种新型的汽艇配件，这种配件虽然比以往的旧式配件先进很多，但价格并没有高出多少。销售主管就派郑海涛联系公司的老客户王经理，看王经理需不需要最新产品。

郑海涛和王经理通过电话初步交流之后，对方对产品还算满意，并且让郑海涛到他的办公室详谈。郑海涛来到王经理办公室，笑着寒暄了几句，便开始介绍自己的产品。

郑海涛："王经理，您上次从我们这购买的产品配件用着还好吧?"

王经理笑着说道："嗯，还不错。就是我们公司工作量有点大，我看旧的有点吃不消了。"

郑海涛说："所以啊，公司有了新产品我们第一个就想到您了。咱们公司最近研发出的这种新型配件，能够适应高强度的工作，质量非常不错，并且价格也不高，您肯定喜欢。"

王经理："是吗？你给我具体介绍介绍吧。"

接下来，郑海涛详细、耐心地向王经理做了介绍，在这个过程中，王经理频频点头。双方聊了很长时间，十分愉快。最后王经理试探性地问郑海涛："小郑，这个新产品价格应该不是很贵吧？老客户是不是有一定的优惠？"

郑海涛听了王经理的话，笑着说："那肯定了，公司对老客户一直都实行优惠政策，您作为资深老客户，如果想购买这款产品的话，肯定会给您优惠。这样吧，您先考虑一下，如果有需要的话，可以给我打电话。"说完这句话，郑海涛就表示自己还要见其他的客户，先行告退。

几天时间很快就过去了，郑海涛却一直没有接到王经理的电话，而销售主管一直催促这笔业务。郑海涛只好给王经理打电话询问他考虑得怎么样了。谁知电话接通后，王经理却说自己已经购买了另一家公司的新配件。郑海涛一下子愣住了，他不明白王经理怎么突然就变卦了。

经典实例解读

到最后郑海涛都不明白，不是王经理突然变卦了，而是郑海涛自身出了问题。在第一次洽谈的过程中，王经理已经试探性地询问郑海涛新配件的最低价格是多少，这已经是很明显的成交信号，但郑海涛却没有发现，而是说了一大堆无用的客套话。如果当时他发现了这个成交信号，直接和王经理展开价格谈判，那么极有可能第一次就已经把订单拿到手了。

拿单要点解析

抓住成交的有利时机，是成功销售过程中最重要的一环。如果销售员不能及时地抓住这个时机，那么之前所做出的所有努力都会付诸东流。所以，销售员在和客户谈判的过程中，要学会捕捉客户无意间发出的各种成交信号。只要信号一出现，就要果断下单，这是取得销售成功的关键一步。

那么，当销售员发现委婉地探究产品价格这个成交信号时，接下来应该怎么办，才能顺利地和客户达成交易呢？

1. 直接告诉客户价格

当客户针对最低价格提出问题时，这时候客户最关心的问题就是价格，销售员不可顾左右而言他，只有直截了当地回答客户关于价格的问题，才能使交谈继续进行下去。销售员如果顾左右而言他，无疑会让客户觉得你言辞闪烁心中有鬼，或者觉得你一点都不善解人意，吊客户胃口，如此一来，谈判就注定要破裂。

2. 让客户了解价值与价格相符

在经济学中，价值决定价格是不变的真理。一般来说，客户对最低价的心理预期要远远低于销售员的报价，这往往会给客户造成失落感。如果此时销售员不设法平息客户的失落感，就会导致签单失败。这时候销售员要设法让客户理解你产品的价值，让他们相信产品的价格与价值是相符的。如果你的产品价格高于竞争者的产品，那么你就需要向客户证明你的产品在质量、性能及服务等方面优越于竞争者，使客户理解优越部分的价值与价格差是相符的。

3. 让客户了解产品的附加价值

客户之所以会购买产品，有时看重的不仅仅是它的使用价值，而是为了获得一些附加的利益，给自己带来更多的“甜头”。因此，你可以站在客户的立场上说更多他能够获得的利益。例如，你销售的是机器，你可以告诉对方，新生产的机器可以提高效率、节省资源，提供免费上门服务等，这些都是客户比较关注的问题。在让客户了解产品附加值时，最好能从当前的实际需求和长远利益着手，这样最容易说服客户。

拿单秘诀

一般来说，客户试探性地询问最低价格，证明他是个很在乎价格的人。所以，销售员只有对症下药，把销售焦点集中在价格与价值这方面，让客户认识到产品的高价格与高价值之间的关系，才可以打消其所有疑虑，促其签单。

顾客向销售员介绍自己的“老板”

胡军是一家高档家具商城的销售员，专门负责把公司的产品卖给各种高档的消费场所。有一天他听家人说自己家附近有一家高档酒店已经建成，如今正在装修。胡军觉得这是一个很好的销售良机，如果能拿下这个订单，自己半年的业绩就有着落了。

于是，他顾不上吃饭，就去该酒店找到了相关负责人。胡军一见到负责装修事宜的刘主管，就非常热情地打招呼：“您好，我是高档家具公司的销售员，听说您这里最近正在装修，所以向您推荐我们公司的高档家具。我们公司的家具都是非常精美的，在业界十分有名，非常适合你们这种高档酒店。”

刘主管说：“我们现在还只是初步装修阶段，还没有到购买家具设备的阶段，所以不好意思，我们暂时不需要。”

胡军听了这话，并没有放弃，接着说：“没关系，我们的家具质量非常好，款式非常时尚，很多高档酒店都是我们的老客户，所以您完全不用担心会买错。您现在只需要确定下来，等到了时间，我们会给您送货上门的。”

对方说：“实话告诉你吧，我们的老板对很多事情都是亲自管理和确定的，所以买什么样的地毯，我说了不算，需要老板点头才行，你和我说再多也没有用。”

胡军听他这么说，还是没有放弃，想了想说："既然是这样的话，我希望您能将老板的邮箱告诉我，我发一份邮件到他的邮箱里，详细介绍我们的家具，并附上照片，相信您的老板看过之后，会喜欢上我们的产品。请您放心，我不会发很多邮件，打扰到您的老板，只发一份产品介绍的邮件。当然，如果老板喜欢上了我们的产品，他一定会感激你这个尽职尽责的属下的。"

对方见胡军这么执着，也有些感动，就把老板的电话号码告诉了胡军。后来，胡军通过打电话、发邮件的方式，取得了对方老板的认同，成功拿下了这个订单。

经典实例解读

胡军在和刘主管交谈的过程中，成功获得了刘主管的信任和好感，进而为下一步的签单奠定了基础。如果胡军在发现刘主管不是最终决策者后，就泄气了，那么这笔订单肯定要落空。刘主管既然愿意把领导的联系方式给自己，这说明刘主管本身是认同自己的。如此一来，刘主管就相当于为自己的信用进行了背书，这就给自己的订单奠定了基础。

拿单要点解析

销售员在向客户推销产品的过程中，往往会遇到不是最终决策者的客户，这些客户就相当于一道铁门，挡住了销售员签单的步伐。所以，销售员首先就要搞定这些客户，只有获得了他们的首肯，才能找到最终决策者，进而签单。

那么，销售员在遇到这种情况时，应该怎么做呢？

1. 态度要真诚

有些销售员发现自己面对的不是最终决策者时，往往会觉得失落，最终把这些不良情绪发泄在客户身上，对他们冷冰冰的，说话阴阳怪气，更有甚者，采用蔑视的语气与客户对话，殊不知，这会极大地影响自己的谈判效果。面对的客户虽然不是最终决策者，但却是最终决策者的直接关系人。很多时候他们的意见可以左右最终决策者的签单态度。

所以，销售员要态度真诚地对待这些非目标客户。美国著名成功学家戴尔·卡耐基说：“笑容能照亮所有看到它的人，像穿过乌云的太阳，带给人们温暖。”可以说，微笑是世界上最美的行为语言，它虽然无声，却最能打动人，最能拉近人们之间的心理距离。所以，销售员在和非目标客户交谈的过程中，要随时保持一种令人愉悦的微笑，如此就可以获得他们的好感。

2. 在“老板”面前多提非目标客户

非目标客户作为“老板”的直接关系人，他们和“老板”有着很密切的关系，当销售员找到“老板”时，可以多提一下非目标客户，这样无疑是在告诉“老板”，非目标客户非常喜欢自己的产品，所以才把自己介绍给“老板”。如此一来，“老板”在心理上就会接受我们的产品，至少不会再反感。

3. 再次详细地介绍产品

虽然销售员前期已经向非目标客户介绍过了自己的产品，但“老板”并不清楚这些，即便非目标客户已经对“老板”说过自己的产品，但肯定也不如销售员说得全面。所以，销售员必须再次详细地向“老